Trading et IA

Table des matières

Préface.. 4
Introduction... 6
Chapitre 1:
Introduction à l'intelligence artificielle dans le trading............................... 8
    Les bases de l'intelligence artificielle... 8
    L'Histoire de l'IA dans le Trading.. 10
    L'Évolution de l'IA dans le Trading... 17
    Avantages de l'Utilisation de l'IA dans le Trading.................................. 19
Chapitre 2:
Comprendre les stratégies de trading avec l'IA.. 22
    Algorithmes d'Apprentissage Automatique pour le Trading.............. 22
    Les Réseaux Neuronaux dans le Trading... 26
    Traitement du Langage Naturel pour le Trading.................................. 29
Chapitre 3:
Implémenter l'IA dans Votre Stratégie de Trading.................................... 32
    Choisir les Bons Outils d'IA pour Votre Style de Trading..................... 32
    Trade ideas
    (Tendances et Opportunités)... 35
    QuantConnect
    (Trading Algorithmique).. 39
    Sentient Trader
    (Analyse Technique)... 41
    Robinhood AI Trading (Automatisation).. 42
    Plateformes d'Analyse de Sentiment... 45
    ZuluTrade
    (Social & Copy Trading)... 46
    Intégrer l'IA à l'Analyse Technique.. 48
    Lutessia : L'IA de CentralCharts... 49
    Libertify et Boursorama
    (Reco marketée).. 54
    Utilisation de l'IA pour la Gestion des Risques...................................... 56
Chapitre 4:
Études de Cas de Traders à Succès Utilisant l'IA....................................... 59

Trading et IA

Hedge Funds Utilisant l'IA pour le Trading..59
Traders de Détail Intégrant l'IA dans leurs Stratégies................................61
Exemples Concrets de l'Amélioration des Performances de Trading grâce à l'IA..62
Que pouvez-vous faire à votre niveau individuel ?.....................................65
Regardons en détails..67

Chapitre 5:
Surmonter les défis liés à l'utilisation de l'IA dans le trading........ 76
Fuite de Données et Sécurité : Une Histoire Vraie.....................................76
Préoccupations en Matière de Confidentialité et de Sécurité des Données 78
Gérer la Volatilité du Marché avec l'IA..79
Équilibrer la Prise de Décision Humaine avec les Recommandations de l'IA.. 81

Chapter 6 :
Utiliser l'IA pour négocier des produits financiers spécifiques..........83
1. Le trading de futures avec l'IA.. 84
2. Trading des Warrants et Turbos avec l'IA..87
3. Trading des ETFs avec l'IA... 90
4. Trading du Forex avec l'IA... 92

Chapitre 7:
L'IA et les Réseaux Sociaux dans l'Analyse des Tendances Boursières......97
Les Réseaux Sociaux : Un Nouveau Terrain pour les Investissements...... 98
Comment l'IA Peut Observer les Réseaux Sociaux.....................................99
Études de Cas et Exemples..100
Avantages et Limitations..100

Chapitre 8:
L'Avenir de l'IA dans le Trading.. 103
Tendances de la Technologie de l'IA dans le Trading...............................105
Considérations Éthiques de l'IA dans le Trading......................................106
Opportunités pour les Traders Non-Professionnels dans l'Espace de Trading IA...107
Clubs de Trading Utilisant des Signaux d'IA...109

Chapitre 9:
Points Clés pour les Traders Non-Professionnels............................. 113
Réflexions sur l'Adoption de l'IA dans Votre Stratégie de Trading..............115

2

Trading et IA

Chapitre 10 :
Exploiter ChatGPT pour des Stratégies de Trading Améliorées................117
   Introduction à ChatGPT..117
   Comment ChatGPT Utilise le Traitement du Langage Naturel (NLP)........118
   Commencer avec ChatGPT pour le Trading..123
   Utiliser ChatGPT pour l'Analyse de Marché...126
   Comprendre les Rapports Économiques..129
   Améliorer les Décisions de Trading avec ChatGPT..132
   Discussion de Stratégie...136
   Gestion des Risques avec ChatGPT...136
   Conformité et Réglementations...139
   Exemples Pratiques et Études de Cas...143
   Conseils Avancés pour Utiliser ChatGPT..151
   Apprentissage Continu...158
   Conclusion : Tirer Parti de ChatGPT dans le Trading.....................................166

ANNEXES
Mise à jour 2025 : Les outils IA pour le trading, testés et notés.................170

Spoiler Alert
Prochain Livre sur l'IA Révolutionnaire dans le Trading...............................234
Epilogue...236

Avis de non-responsabilité

Ce livre est publié à titre **informatif** et **éducatif**. Il ne constitue **ni un conseil en investissement**, **ni une recommandation personnalisée**, **ni une incitation à acheter ou vendre** des actifs financiers, quels qu'ils soient.

Les informations fournies dans « *Trading et IA* » sont issues de recherches et d'expériences personnelles de l'auteur, Aymeric Illab. Elles reflètent son opinion au moment de la rédaction, qui peut évoluer. L'auteur n'est **ni un conseiller financier agréé**, **ni un professionnel réglementé** en gestion d'actifs.

Le lecteur reste **pleinement responsable** de ses décisions d'investissement, qui doivent être prises en tenant compte de sa situation personnelle, de ses objectifs et de sa tolérance au risque. Il est **vivement recommandé de consulter un professionnel** habilité (conseiller en investissements financiers, avocat, expert-comptable…) avant toute prise de décision financière.

L'auteur et l'éditeur déclinent toute responsabilité en cas de perte financière ou d'autre conséquence résultant directement ou indirectement de l'usage des informations contenues dans cet ouvrage.

Copyright Notice:

© 2024 Aymeric Illab
Tous droits réservés.

Aucune partie de cet ouvrage ne peut être reproduite, stockée dans un système de récupération, ou transmise, sous quelque forme ou par quelque moyen que ce soit – électronique, mécanique, photocopie, enregistrement ou autre – sans l'autorisation écrite préalable de l'auteur, sauf dans les cas prévus par l'article L122-5 du Code de la propriété intellectuelle.

Trading et IA

Cet ouvrage et son contenu sont protégés par les lois françaises et internationales sur le droit d'auteur. Toute reproduction ou utilisation non autorisée constitue une contrefaçon passible de poursuites civiles et pénales.

Les marques, noms de produits ou d'entreprises mentionnés restent la propriété de leurs titulaires respectifs.

Première édition : juin 2024
ISBN : 979-8326472250

A ma fille : *Dédicace à ma fille, Eléa, née pendant cette nouvelle révolution de l'IA - une époque où Salesforce a acquis les droits de nommer son IA 'Einstein' et où OpenAI nourrissait ses fondations avec une philosophie louable d'ouverture et de partage. (décembre 2015)*

Préface

Ce livre est un guide, mais si c'était un roman, voici comment il commencerait :

Il était une fois, dans le tumulte incessant des marchés financiers, un jeune homme nommé Julien. Chaque jour, Julien se levait avant l'aube, armé de courage et d'espoir, pour affronter l'océan imprévisible des chiffres et des courbes de son ordinateur. Avec un enthousiasme mêlé d'appréhension, il traçait des lignes de tendance, déchiffrait des indicateurs économiques, et sondait les profondeurs de l'actualité financière. Pourtant, malgré ses efforts et sa persévérance, Julien se trouvait souvent désemparé face à l'ampleur de sa tâche. Le marché, tel un géant capricieux, semblait jouer avec ses émotions et ses économies.

Un soir, alors que les dernières lueurs du crépuscule se noyaient dans l'horizon, Julien, épuisé, contemplait les pertes récentes qui s'étalaient sur son écran, tel un champ de bataille après la guerre. C'est dans ces moments de solitude que le poids de la solitude du trader se fait le plus cruellement sentir. "Si seulement," murmurait-il, "si seulement j'avais un guide, un mentor, quelque chose ou quelqu'un pour éclairer mon chemin à travers ce labyrinthique marché."

C'est ici que notre histoire croise un chemin moins ordinaire, celui de l'intelligence artificielle. Imaginez un monde où Julien, notre Julien, pourrait s'appuyer sur un compagnon de route non pas de chair et d'os, mais de bits et de neurones artificiels. Un allié silencieux, toujours présent, qui analyse, calcule, et propose avec une précision et une rapidité inégalées. Ce monde n'est plus tout à fait un rêve.

Ce livre que vous tenez entre vos mains, chers lecteurs, est le phare dans la tempête, la boussole pour tout Julien des temps modernes. "Comment Utiliser l'IA dans Votre Stratégie de Trading" n'est pas

Trading et IA

simplement une collection de conseils et de stratégies ; c'est une porte ouverte sur une nouvelle ère où l'intelligence artificielle devient un partenaire de trading indispensable, transformant les défis en opportunités, les incertitudes en prédictions.

À travers ces pages, nous explorerons comment des outils auparavant réservés aux ingénieurs et aux mathématiciens sont désormais à la portée de chacun. Avec simplicité et élégance, nous dévoilerons les mystères de ces technologies, pour que plus aucun trader ne se sente seul face à son écran.

Laissez-vous guider par cette aventure où la tradition rencontre l'innovation, et où Julien, peut-être, trouvera enfin le chemin vers la réussite. Car après tout, naviguer dans le monde du trading avec l'intelligence artificielle n'est pas seulement une question de logique ou de profits ; c'est un art, et comme tout art, il demande inspiration et, oui, un peu de magie.

Introduction

Imaginez ceci : vous êtes rivé à votre écran, rafraîchissant frénétiquement les cours des actions, avec vos émotions qui font des montagnes russes à chaque mouvement du marché.
La peur murmure "Vends !" tandis que la cupidité hurle "Tiens bon !".

Ça vous dit quelque chose ?

Des millions de traders vivent cette même situation. Mais imaginez un instant qu'une arme secrète dans votre arsenal puisse trancher à travers tout ce brouhaha et vous aider à prendre des décisions éclairées par les données. Entrez dans l'univers fascinant de l'Intelligence Artificielle (IA). Ce livre vous dévoilera comment utiliser l'IA pour révolutionner votre stratégie de trading et rivaliser avec les pros.

Imaginez un monde de trading où la frontière entre le profit et la perte ne dépend pas seulement de votre intuition, mais d'une intelligence avancée capable d'analyser des millions de points de données en un clin d'œil.

Selon une analyse révolutionnaire du Financial Markets Technology Research Center, les algorithmes de trading basés sur l'IA ont le potentiel de dépasser les stratégies traditionnelles de 73 % ! Incroyable, non ? Vous n'êtes pas seul à être étonné.

"Intelligence Artificielle pour les Traders du Quotidien : Comment intégrer l'IA dans Votre Stratégie de Trading" est votre guide indispensable pour explorer ce nouveau terrain.

Que vous soyez débutant ou que vous ayez des années d'expérience, ce livre vous révélera les secrets de l'IA pour dénicher les tendances

Trading et IA

du marché, automatiser les décisions complexes et, en fin de compte, propulser vos performances de trading vers de nouveaux sommets.

Embarquez avec nous dans cette aventure transformative et découvrez comment exploiter la puissance inégalée de l'intelligence artificielle dans votre stratégie de trading.

Chapitre 1 : Introduction à l'intelligence artificielle dans le trading

Les bases de l'intelligence artificielle

Dans le paysage trépidant et en constante évolution du trading d'aujourd'hui, comprendre les bases de l'intelligence artificielle (IA) est essentiel pour les traders non professionnels qui souhaitent garder une longueur d'avance. L'IA a révolutionné la manière dont le trading est effectué, offrant aux traders des outils puissants et des analyses approfondies pour prendre des décisions plus éclairées et optimiser leurs stratégies.

Ray Dalio, le fondateur de Bridgewater Associates, l'un des plus grands fonds spéculatifs au monde, a déclaré à propos de l'utilisation de l'IA dans le trading :

« Je crois que l'utilisation de l'intelligence artificielle dans le trading est là pour rester et continuera de révolutionner l'industrie. L'IA a le potentiel d'analyser d'énormes quantités de données en temps réel, d'identifier des modèles et des tendances que les traders humains peuvent manquer, et d'exécuter des transactions avec rapidité et précision. À mesure que la technologie continue de progresser, les algorithmes d'IA joueront un rôle de plus en plus important dans la structuration des marchés financiers de demain. » - Ray Dalio

Les perspectives de Ray Dalio sur l'utilisation de l'IA dans le trading mettent en lumière l'impact transformateur que l'intelligence

Trading et IA

artificielle et les algorithmes sophistiqués ont sur l'industrie financière.

En essence, l'IA se réfère à la simulation des processus de l'intelligence humaine par des machines, spécifiquement des systèmes informatiques. Ces systèmes sont programmés pour analyser de vastes quantités de données, identifier des motifs et faire des prédictions basées sur des données historiques et les conditions du marché en temps réel. En exploitant la technologie de l'IA, les traders non professionnels peuvent obtenir un avantage concurrentiel en accédant à des algorithmes sophistiqués capables de traiter des données à des vitesses bien au-delà de la capacité humaine.

L'un des principaux avantages de l'IA dans le trading est sa capacité à automatiser les tâches répétitives et à exécuter des transactions avec précision et rapidité. Cela permet aux traders de saisir les opportunités du marché en temps réel, sans la nécessité d'une surveillance constante et d'une intervention manuelle. De plus, l'IA peut fournir aux traders des analyses et des recommandations précieuses, leur permettant de prendre des décisions plus éclairées et de minimiser les risques associés au trading émotionnel.

Pour utiliser efficacement l'IA dans votre stratégie de trading, il est important de comprendre les bases de son fonctionnement et les différents types de technologies d'IA disponibles. L'apprentissage automatique, l'apprentissage profond et le traitement du langage naturel sont quelques exemples de techniques d'IA qui peuvent être utilisées pour analyser les données du marché et générer des analyses exploitables.

En maîtrisant les bases de l'IA et en intégrant cette technologie dans votre stratégie de trading, les traders non professionnels peuvent débloquer de nouvelles opportunités de profit et de succès dans le monde dynamique du trading. Restez à l'écoute pour plus d'analyses et de conseils sur la manière de tirer parti de l'IA dans votre parcours de trading.

Voici quelques éléments à prendre en compte avant d'utiliser l'IA pour le trading :

L'IA est un outil, pas une garantie : L'IA ne peut pas prédire l'avenir et les marchés sont par nature imprévisibles. Gardez toujours le contrôle de vos décisions de trading.

La qualité des données est essentielle : L'efficacité de l'IA dépend de la qualité des données sur lesquelles elle est entraînée. Assurez-vous que la plateforme que vous choisissez utilise des sources de données fiables.

Comprendre est crucial : Bien que l'IA puisse identifier des schémas, il est crucial de comprendre la logique sous-jacente de ces schémas pour prendre des décisions éclairées.

Commencez petit : Si vous êtes nouveau dans le trading avec l'IA, commencez avec une petite partie de votre capital et augmentez progressivement votre dépendance à l'IA à mesure que vous gagnez en expérience et en confiance.

L'Histoire de l'IA dans le Trading

L'évolution de l'intelligence artificielle (IA) dans le trading est marquée par des avancées technologiques majeures et des moments clés qui ont transformé la manière dont les marchés financiers fonctionnent. Voici un aperçu de cette évolution :

Années 1980 : Les Premiers Algorithmes de Trading

- **1980s** : L'ère des premiers algorithmes de trading commence avec l'introduction de systèmes automatisés capables d'exécuter des ordres de bourse. Ces systèmes, appelés "Program Trading", utilisaient des algorithmes simples pour automatiser les transactions sur la base de critères prédéfinis.

- **1987** : Le "Black Monday", un krach boursier mondial, met en lumière les impacts potentiels des transactions automatisées et incite à une régulation accrue des systèmes de trading.

Années 1990 : L'Ère des Systèmes Experts

- **1990s** : Pendant cette période, les systèmes experts deviennent de plus en plus populaires dans le domaine du trading. Ces systèmes, qui sont des formes primitives d'intelligence artificielle, utilisent des règles basées sur des connaissances spécifiques pour prendre des décisions de trading.

VPX (Virtual Portfolio eXperience) : Le VPX est un exemple emblématique de système expert de cette époque. Développé par la société Reuters, le VPX était conçu pour aider les traders à gérer leurs portefeuilles en utilisant des règles et des modèles prédéfinis. Il permettait de simuler des stratégies de trading et de tester différents scénarios de marché pour optimiser les décisions d'investissement. En utilisant le VPX, les traders pouvaient analyser les performances de leurs portefeuilles et ajuster leurs stratégies en conséquence, ce qui représentait une avancée significative par rapport aux méthodes manuelles.

Le VPX et d'autres systèmes experts de cette période ont marqué une étape importante dans l'évolution de l'utilisation de l'IA dans le trading.

Ces outils ont permis aux traders de bénéficier d'une assistance informatique pour la prise de décision, réduisant ainsi les erreurs humaines et améliorant l'efficacité globale des stratégies de trading. Les systèmes experts comme le VPX ont également posé les bases des développements futurs dans le domaine du trading algorithmique et de l'IA moderne. En automatisant certaines tâches et en fournissant des analyses basées sur des règles définies, ils ont ouvert la voie à des algorithmes plus sophistiqués et à l'utilisation de techniques d'apprentissage automatique dans les décennies suivantes.

- **1998** : La mise en place de la "Regulation ATS" (Alternative Trading Systems) par la SEC (Securities and Exchange Commission) aux États-Unis permet le développement de plateformes de trading alternatives et de systèmes de trading électroniques.

Années 2000 : L'Avènement du Trading à Haute Fréquence

- **2000s** : Le trading à haute fréquence (HFT) émerge, utilisant des algorithmes avancés pour exécuter des milliers de transactions en une fraction de seconde. Cela est rendu possible par des améliorations en matière de puissance de calcul et de vitesse de connexion.

- **2007** : L'introduction du Reg NMS (Regulation National Market System) par la SEC vise à moderniser et améliorer l'efficacité du marché américain, facilitant encore plus le HFT.

Années 2010 : L'Apprentissage Automatique et l'IA Moderne

- **2010s** : Les techniques d'apprentissage automatique (machine learning) commencent à être intégrées dans les stratégies de trading. Ces algorithmes peuvent apprendre et s'adapter à partir de données historiques pour améliorer continuellement leurs performances.

- **2012** : L'utilisation de réseaux de neurones et d'apprentissage profond (deep learning) se répand, permettant des analyses de données plus complexes et précises. Par exemple, des entreprises comme Renaissance Technologies utilisent ces techniques pour optimiser leurs stratégies de trading quantitatif.

Années 2020 : L'IA Accessible aux Traders Non Professionnels

- **2020s** : L'IA devient de plus en plus accessible aux traders non professionnels grâce au développement de plateformes de trading en ligne intégrant des outils d'IA. Des applications comme Robinhood et eToro offrent des fonctionnalités basées sur l'IA pour aider les utilisateurs à prendre des décisions de trading éclairées.
- **2021** : La popularité des "Robo-Advisors", des conseillers financiers automatisés utilisant l'IA, continue de croître, démocratisant l'accès à des stratégies d'investissement sophistiquées pour le grand public.

La crise de 1929 aurait-elle pu être évitée avec l'IA ?

Trading et IA

La Grande Dépression et l'IA : Une Hypothèse Futuriste

La crise de 1929, connue sous le nom de Grande Dépression, est un événement complexe résultant de multiples facteurs économiques, financiers et psychologiques. Bien qu'il soit difficile d'affirmer avec certitude que l'intelligence artificielle aurait pu éviter une telle crise, nous pouvons spéculer sur certains aspects où l'IA aurait potentiellement fait une différence.

Prédiction et Prévention

L'IA, capable d'analyser d'énormes quantités de données en temps réel, aurait pu détecter des signes avant-coureurs tels que des déséquilibres économiques et des bulles spéculatives. En alertant plus tôt les autorités financières des dangers imminents, des mesures préventives auraient pu être prises. De plus, les algorithmes de machine learning et de deep learning auraient pu modéliser des scénarios de risques complexes et proposer des interventions préventives. Par exemple, une IA aurait pu analyser les comportements des investisseurs et identifier des tendances dangereuses avant qu'elles ne deviennent incontrôlables.

Réactions et Interventions

En cas de fluctuations rapides du marché, l'IA aurait pu réagir plus vite que les humains pour stabiliser les marchés. Des interventions automatisées, comme la suspension temporaire des transactions en cas de volatilité extrême, auraient pu éviter des chutes drastiques. L'IA pourrait également aider les gouvernements et les institutions financières à adapter leurs politiques économiques en temps réel, en ajustant rapidement les taux d'intérêt ou en prenant des mesures fiscales pour stabiliser l'économie.

Trading et IA

Éducation et Information

L'IA pourrait aussi jouer un rôle important dans l'éducation des investisseurs en fournissant des analyses et des recommandations personnalisées, aidant ainsi à éviter des comportements d'investissement imprudents.

Limitations et Considérations

Cependant, il est important de noter que l'IA n'est pas une solution magique. Même avec les technologies les plus avancées, certains aspects humains, comme la panique et la confiance excessive, pourraient toujours jouer un rôle crucial dans les crises financières. De plus, les décisions de politique économique et financière impliquent souvent des considérations politiques et sociales que les algorithmes ne peuvent pas entièrement capturer.

En résumé, bien que l'IA aurait probablement pu atténuer certains des effets de la crise de 1929 grâce à une meilleure analyse des données, une détection précoce des risques et une réaction rapide aux marchés, il est difficile d'affirmer qu'elle aurait complètement évité la crise. Les crises financières sont souvent le résultat de multiples facteurs interconnectés, y compris des comportements humains imprévisibles et des décisions politiques complexes.

Exemples Concrets

L'évolution de l'IA dans le trading est une histoire de progrès technologique rapide et de transformation du marché financier. Des premiers algorithmes simples aux systèmes sophistiqués d'apprentissage automatique, l'IA a permis aux traders de toutes sortes d'améliorer leurs stratégies et d'optimiser leurs performances. Avec chaque nouvelle avancée, l'IA continue de redéfinir ce qui est possible dans le monde du trading.

Voici quelques exemples qui ont déjà jalonné l'histoire du trading avec l'Intelligence Artificielle :

- **Renaissance Technologies** : Fondée en 1982 par Jim Simons, cette société de gestion de fonds spéculatifs utilise des modèles mathématiques et des algorithmes avancés pour le trading quantitatif. Leur fonds Medallion est célèbre pour ses rendements exceptionnels, attribués à leur utilisation précoce de l'IA.

- **Kensho Technologies** : Fondée en 2013, cette entreprise utilise des technologies d'IA pour fournir des analyses financières avancées. Kensho a été acquis par S&P Global en 2018 pour 550 millions de dollars.

- **DeepMind** : En 2016, la filiale de Google, DeepMind, a développé une IA capable de prédire les mouvements des prix des actions avec une précision remarquable en utilisant des techniques d'apprentissage profond.

L'Évolution de l'IA dans le Trading

Ces dernières années, l'utilisation de l'intelligence artificielle (IA) dans le trading est devenue de plus en plus populaire parmi les traders non professionnels. L'évolution de l'IA dans le trading a révolutionné la manière dont les traders abordent le marché boursier, leur fournissant des outils puissants et des analyses précises pour prendre des décisions d'investissement plus éclairées.

L'un des principaux progrès de l'IA dans le trading réside dans le développement d'algorithmes sophistiqués capables d'analyser d'énormes quantités de données en temps réel. Ces algorithmes peuvent rapidement identifier des motifs et des tendances dans le marché qui pourraient échapper aux traders humains, offrant ainsi un avantage concurrentiel aux traders du quotidien. De plus, l'IA peut également automatiser le processus de trading, exécutant des transactions à la vitesse de l'éclair selon des critères prédéfinis.

Une application concrète actuelle est l'utilisation du trading algorithmique par les investisseurs institutionnels et les grandes entreprises financières pour gérer leurs portefeuilles de manière plus efficace. Ces algorithmes peuvent analyser de vastes quantités de données, y compris les mouvements de prix historiques, les tendances du marché et les indicateurs économiques, afin d'optimiser l'allocation d'actifs, la gestion des risques et les stratégies de trading. Globalement, l'application d'algorithmes sophistiqués dans le trading a révolutionné les marchés financiers en permettant aux traders de prendre des décisions plus rapides, mieux informées et basées sur les données, ce qui peut conduire à de meilleurs résultats d'investissement.

Un autre développement important dans l'évolution de l'IA dans le trading est l'utilisation des techniques d'apprentissage automatique pour améliorer les stratégies de trading. Les algorithmes d'apprentissage automatique peuvent s'adapter et apprendre des données passées, affinant continuellement leurs stratégies de

Trading et IA

trading pour maximiser les profits et minimiser les pertes. Cela permet aux traders non professionnels de bénéficier de la même technologie avancée utilisée par les investisseurs institutionnels.

De plus, l'IA a également rendu le trading plus accessible aux traders non professionnels grâce au développement de plateformes et d'applications de trading conviviales intégrant la technologie de l'IA. Ces plateformes fournissent aux traders des outils et des ressources faciles à utiliser pour analyser les données du marché, suivre leurs performances et prendre des décisions éclairées.

En somme, l'évolution de l'IA dans le trading a ouvert de nouvelles opportunités pour les traders non professionnels d'améliorer leurs stratégies de trading et d'améliorer leur performance globale sur le marché. En exploitant la puissance de l'IA, les traders du quotidien peuvent rivaliser avec les investisseurs institutionnels et augmenter leurs chances de succès sur le marché boursier.

Avantages de l'Utilisation de l'IA dans le Trading

L'intelligence artificielle (IA) a révolutionné le trading sur les marchés financiers contemporains. Pour les traders non professionnels cherchant à améliorer leurs stratégies, l'intégration de l'IA peut offrir une multitude d'avantages. Voici quelques bénéfices clés de l'utilisation de l'IA dans le trading :

Efficacité Accrue
La technologie IA peut analyser des quantités énormes de données avec une rapidité et une précision bien au-delà des capacités humaines. Cela permet aux traders de prendre des décisions plus rapides et plus informées, conduisant à des transactions plus efficaces.

Amélioration de la Prise de Décision
Grâce aux algorithmes IA, les traders ont accès à des outils analytiques avancés capables d'identifier des schémas et des tendances du marché. Cela aide à faire des prévisions plus précises et à optimiser les stratégies de trading.

Réduction des Biais Émotionnels
L'un des plus grands défis pour les traders non professionnels est la gestion des émotions comme la peur et la cupidité, qui peuvent mener à des décisions impulsives ou irrationnelles. Les systèmes IA, basés sur des algorithmes et de la logique, éliminent ces biais émotionnels du processus de trading.

Gestion des Risques
L'IA aide les traders à mieux gérer les risques en fournissant une analyse en temps réel des conditions du marché et des menaces

potentielles pour leurs positions. Cela permet de minimiser les pertes et de protéger les investissements.

Diversification
Les outils IA peuvent analyser simultanément une large gamme d'actifs et de marchés, permettant aux traders de diversifier leurs portefeuilles plus efficacement. Cela aide à répartir les risques et à maximiser les rendements potentiels.

Selon un rapport de la firme de recherche MarketsandMarkets, l'IA dans le marché financier mondial devrait atteindre 26,67 milliards de dollars d'ici 2027, avec un taux de croissance annuel composé de 23,37 % à partir de 2020. Cette croissance significative est attribuée à l'adoption croissante des technologies IA, y compris l'apprentissage automatique, le traitement du langage naturel et l'apprentissage profond, dans les activités de trading et d'investissement.

De plus, une étude du Forum Économique Mondial a estimé que les fonds spéculatifs pilotés par l'IA ont surperformé leurs homologues gérés par des humains de 4 % à 6 % par an en moyenne. Cette surperformance est due à la capacité de l'IA à analyser de vastes quantités de données, identifier des schémas et exécuter des transactions plus rapidement et plus efficacement que les traders humains.

En somme, l'impact de l'IA dans le trading est substantiel, avec des algorithmes et des technologies alimentés par l'IA révolutionnant le fonctionnement des marchés financiers. Ils fournissent aux traders des outils puissants pour prendre des décisions éclairées et optimiser les stratégies d'investissement.

Intégrer l'IA dans votre stratégie de trading peut offrir une gamme d'avantages qui aideront les traders non professionnels à améliorer leur performance globale. En exploitant la puissance de la technologie IA, les traders peuvent améliorer leur processus de prise

Trading et IA

de décision, réduire les biais émotionnels et maximiser l'efficacité de leurs transactions.

Si vous n'êtes toujours pas convaincu, un exemple notable est Andrew Ng, une figure éminente de l'industrie de l'IA et de la technologie. Andrew Ng, cofondateur de Google Brain et fervent défenseur de l'utilisation de l'IA dans le trading, a souligné dans une interview pour Forbes l'importance de l'IA en finance et en trading. Il a déclaré que les algorithmes d'IA peuvent analyser d'énormes quantités de données, identifier des schémas et prendre des décisions de trading informées plus rapidement et plus efficacement que les traders humains. Il a mis en avant le potentiel de l'IA à révolutionner l'industrie financière et à améliorer les résultats de trading pour les investisseurs individuels.

Bien qu'il n'y ait pas encore beaucoup de traders individuels bien connus discutant publiquement de leur utilisation de l'IA dans le trading, une tendance croissante se dessine chez les traders et investisseurs particuliers qui intègrent des outils et des plateformes alimentés par l'IA dans leurs stratégies de trading. Ces outils peuvent fournir des insights précieux, automatiser les processus de trading et aider les traders individuels à prendre des décisions plus éclairées dans les marchés financiers complexes et dynamiques.

Chapitre 2: Comprendre les stratégies de trading avec l'IA

Algorithmes d'Apprentissage Automatique pour le Trading

De quels algorithmes parle-t-on ?

Les algorithmes d'apprentissage automatique ont révolutionné l'approche des traders envers les marchés financiers. Ces algorithmes sophistiqués peuvent analyser d'énormes quantités de données et identifier des schémas difficiles, voire impossibles, à détecter pour les humains. Dans ce chapitre, nous explorerons certains des

Trading et IA

algorithmes d'apprentissage automatique les plus couramment utilisés dans le trading et comment les traders non professionnels peuvent les exploiter pour améliorer leurs stratégies.

Un algorithme populaire utilisé dans le trading est l'algorithme de forêt aléatoire ou "random forest algorithm". Cet algorithme fonctionne en créant plusieurs arbres de décision et en combinant leurs prédictions pour faire des prévisions plus précises. Les forêts aléatoires sont particulièrement efficaces pour gérer de grands ensembles de données et des conditions de marché complexes, ce qui en fait un outil précieux pour les traders non professionnels cherchant à améliorer leurs stratégies.

Un autre algorithme d'apprentissage automatique largement utilisé dans le trading est la machine à vecteurs de support ou "support vector machine" (SVM). Les SVM sont utilisés pour des tâches de classification et de régression, ce qui les rend idéaux pour prédire les tendances du marché et identifier des opportunités de trading potentielles. En utilisant des SVM, les traders non professionnels peuvent prendre des décisions plus éclairées basées sur les schémas et les tendances identifiés par l'algorithme.

Le gradient boosting est un autre algorithme puissant d'apprentissage automatique couramment utilisé dans le trading. Cet algorithme fonctionne en combinant plusieurs apprenants faibles pour créer un modèle prédictif fort. Le gradient boosting est particulièrement efficace pour gérer les données bruitées et les relations non linéaires, ce qui en fait un outil précieux pour les traders non professionnels cherchant à améliorer leurs stratégies.

En conclusion, les algorithmes d'apprentissage automatique offrent aux traders non professionnels un outil puissant pour améliorer leurs stratégies de trading et prendre des décisions plus éclairées sur les marchés financiers. En exploitant des algorithmes tels que les forêts aléatoires, les SVM et le gradient boosting, les traders peuvent obtenir un avantage concurrentiel et augmenter leurs chances de succès dans le monde en constante évolution du trading avec l'IA.

Trading et IA

Utilisation Concrète des Algorithmes d'Apprentissage Automatique par les Traders Amateurs

Les traders amateurs peuvent exploiter des algorithmes tels que les forêts aléatoires, les SVM et le gradient boosting pour améliorer leurs stratégies de trading en suivant quelques étapes clés.

Forêts Aléatoires (Random Forests)

1. **Collecte de Données** : Rassemblez des données historiques sur les prix des actions, les volumes de transactions et d'autres indicateurs financiers.
2. **Préparation des Données** : Nettoyez et pré-traitez les données pour qu'elles soient utilisables par l'algorithme. Cela inclut la gestion des valeurs manquantes et la normalisation des variables.
3. **Entraînement de l'Algorithme** : Utilisez un logiciel d'apprentissage automatique (comme Scikit-learn en Python) pour entraîner l'algorithme de forêt aléatoire sur vos données.
4. **Prédictions** : Utilisez le modèle entraîné pour prédire les tendances futures des prix des actions et prendre des décisions de trading basées sur ces prédictions.

Machines à Vecteurs de Support (SVM)

1. **Définition des Caractéristiques** : Identifiez les caractéristiques pertinentes pour la classification ou la régression, comme les indicateurs techniques (RSI, MACD) et les volumes de transactions.
2. **Entraînement du Modèle** : Utilisez un logiciel comme Scikit-learn pour entraîner le SVM avec vos données historiques.
3. **Classification et Prédictions** : Le modèle SVM peut être utilisé pour classer les mouvements de marché (hausse ou

Trading et IA

baisse) ou pour prévoir les prix futurs, aidant ainsi à identifier les opportunités de trading.

Gradient Boosting

1. **Agrégation des Données** : Combinez différentes sources de données, y compris les prix des actions, les nouvelles économiques et les indicateurs de sentiment.
2. **Entraînement Progressif** : Utilisez des outils comme XGBoost pour entraîner le modèle de gradient boosting sur vos données. Ce processus optimise les prédictions en combinant plusieurs modèles faibles.
3. **Analyse et Prédictions** : Le modèle résultant peut gérer des données bruitées et des relations non linéaires, fournissant des prévisions robustes pour les décisions de trading.

Outils et Ressources

Pour mettre en pratique ces techniques, les traders amateurs peuvent utiliser des plateformes et des bibliothèques d'apprentissage automatique comme :

- **Python** : Avec des bibliothèques telles que **Scikit-learn, TensorFlow** et **XGBoost.**
- **R** : Avec des packages comme **caret** et **randomForest**.
- **Logiciels de Trading** : Certains logiciels offrent des fonctionnalités intégrées d'IA et d'apprentissage automatique.

En intégrant ces algorithmes dans leurs routines de trading, les traders amateurs peuvent tirer parti des capacités avancées de l'IA pour analyser les données, réduire les biais émotionnels et améliorer leurs décisions d'investissement.

Les Réseaux Neuronaux dans le Trading

Les réseaux neuronaux ont révolutionné la manière de trader sur les marchés financiers. Ces algorithmes d'IA avancés sont conçus pour imiter le fonctionnement du cerveau humain, les rendant incroyablement efficaces pour analyser des schémas complexes dans les données de marché. Pour les traders non professionnels cherchant à améliorer leurs stratégies, comprendre comment utiliser les réseaux neuronaux est essentiel.

Un des principaux avantages des réseaux neuronaux est leur capacité à traiter des quantités énormes de données à une vitesse fulgurante. Cela signifie qu'ils peuvent rapidement analyser les tendances du marché et faire des prédictions basées sur des données historiques, aidant ainsi les traders à prendre des décisions plus éclairées. Les réseaux neuronaux peuvent également s'adapter aux conditions changeantes du marché, les rendant particulièrement utiles dans les marchés volatils.

Un autre avantage des réseaux neuronaux est leur capacité à apprendre de leurs erreurs passées et à améliorer continuellement leurs prédictions. Cela signifie qu'au fil du temps, la précision de leurs prédictions peut augmenter, conduisant à des transactions plus rentables. Pour les traders non professionnels qui n'ont pas toujours le temps ou l'expertise pour effectuer des analyses de marché approfondies, les réseaux neuronaux peuvent offrir un raccourci précieux pour prendre de meilleures décisions de trading.

Cependant, il est important de noter que, bien que les réseaux neuronaux puissent être des outils puissants dans le trading, ils ne sont pas infaillibles. Il est essentiel pour les traders non professionnels de comprendre les limites des réseaux neuronaux et de ne pas s'y fier exclusivement pour prendre des décisions de trading. Au lieu de cela, les réseaux neuronaux doivent être utilisés en conjonction avec d'autres outils et stratégies pour créer une stratégie de trading bien équilibrée.

En conclusion, les réseaux neuronaux ont le potentiel d'améliorer considérablement l'expérience de trading pour les traders non professionnels. En comprenant comment fonctionnent les réseaux neuronaux et comment ils peuvent être intégrés dans une stratégie de trading, les traders non professionnels peuvent améliorer leurs performances et augmenter leurs chances de succès sur les marchés financiers.

Exploitation des Réseaux Neuronaux par les Traders Amateurs : Un Exemple Concret

Cet exemple vulgarise comment un trader pourrait s'y prendre dans un objectif pédagogique. En réalité, l'exploitation des réseaux neuronaux est sans doute plus complexe. Mais cela pourra vous permettre de vous lancer.

Étape 1 : Collecte de Données

Un trader amateur commence par collecter des données historiques sur les prix des actions, les volumes de transactions, et d'autres indicateurs financiers. Ces données peuvent être obtenues à partir de plateformes de trading ou d'APIs financières.

Étape 2 : Préparation des Données

Les données doivent être nettoyées et préparées. Cela inclut la gestion des valeurs manquantes, la normalisation des données, et la création de jeux de données d'entraînement et de test.

Trading et IA

Étape 3 : Entraînement du Réseau Neuronal

Le trader utilise un logiciel comme **TensorFlow** ou **Keras** pour créer et entraîner un réseau neuronal. Le modèle est entraîné sur le jeu de données d'entraînement pour identifier des schémas et des tendances dans les données historiques.

Étape 4 : Validation et Évaluation

Le modèle est ensuite testé sur le jeu de données de test pour évaluer sa précision. Des ajustements sont effectués pour optimiser les performances du modèle.

Étape 5 : Prédictions et Décisions de Trading

Une fois le modèle optimisé, le trader peut l'utiliser pour faire des prédictions sur les mouvements futurs des prix des actions. Par exemple, si le modèle prédit une augmentation du prix d'une action, le trader peut décider d'acheter cette action. Inversement, une prédiction de baisse peut inciter à vendre ou à éviter l'achat.

Exemple Concret

Supposons qu'un trader amateur veut prédire les mouvements du prix de l'action Tesla. Voici comment il pourrait utiliser un réseau neuronal :

1. **Collecte de Données** : Le trader récupère les données historiques de Tesla, y compris les prix quotidiens, les volumes de transactions, et des indicateurs techniques comme le RSI (Relative Strength Index) et le MACD (Moving Average Convergence Divergence).

2. **Préparation des Données** : Les données sont nettoyées pour supprimer les valeurs manquantes et normalisées pour

garantir que toutes les variables sont sur la même échelle.

3. Entraînement du Modèle : Un réseau neuronal est conçu et entraîné en utilisant **TensorFlow**. Le modèle apprend à partir des données historiques de Tesla pour identifier les schémas qui précèdent les augmentations et les diminutions des prix.

4. Validation : Le modèle est testé sur un ensemble de données non vu pour évaluer sa capacité à prédire les mouvements futurs. Des hyperparamètres du modèle, comme le nombre de couches et de neurones, sont ajustés pour améliorer la précision.

5. Prédictions : Une fois satisfait de la performance du modèle, le trader l'utilise pour faire des prédictions quotidiennes sur les mouvements de l'action Tesla. Par exemple, si le modèle prédit une augmentation de prix pour le lendemain, le trader peut acheter des actions Tesla en anticipation de cette hausse.

6. Décisions de Trading : Le trader continue à surveiller les prédictions du modèle et ajuste ses positions en fonction des conseils du réseau neuronal. Les décisions de trading sont également croisées avec d'autres analyses pour une stratégie bien équilibrée.

En suivant ces étapes, les traders amateurs peuvent utiliser les réseaux neuronaux pour améliorer leurs stratégies de trading, optimiser leurs décisions d'investissement et potentiellement augmenter leurs profits sur les marchés financiers.

Traitement du Langage Naturel pour le Trading

Le traitement du langage naturel (NLP) est un outil puissant que les traders non professionnels peuvent exploiter pour améliorer leurs

Trading et IA

stratégies de trading. En utilisant le NLP, les traders du quotidien peuvent obtenir des informations précieuses à partir de données textuelles telles que les articles de presse, les posts sur les réseaux sociaux et les rapports d'analystes.

La technologie NLP permet aux traders d'analyser et d'interpréter de grands volumes de données non structurées en temps réel, les aidant à prendre des décisions plus éclairées. En extrayant les informations clés et le sentiment des données textuelles, les traders peuvent identifier les tendances du marché, prédire les mouvements de prix et évaluer le sentiment général du marché. Cela leur donne un avantage concurrentiel dans le monde rapide et en constante évolution du trading.

Une application clé du NLP dans le trading est l'analyse de sentiment, qui consiste à analyser le sentiment exprimé dans les articles de presse, les posts sur les réseaux sociaux et d'autres sources de données textuelles. En comprenant le sentiment des participants du marché, les traders peuvent évaluer l'humeur du marché et faire des prédictions plus précises sur les mouvements de prix futurs.

Une autre application du NLP dans le trading est la détection d'événements, qui consiste à identifier et suivre les événements susceptibles d'impacter les marchés financiers. En surveillant les articles de presse et les posts sur les réseaux sociaux pour les mentions d'événements spécifiques, les traders peuvent anticiper et ajuster leurs stratégies de trading en conséquence.

En somme, le NLP peut être un outil précieux pour les traders non professionnels cherchant à intégrer l'IA dans leurs stratégies de trading. En exploitant la puissance de la technologie NLP, les traders peuvent obtenir des informations précieuses à partir des données textuelles, améliorer leur processus de prise de décision et augmenter leurs chances de succès dans le monde compétitif du trading.

Trading et IA

Comme ChatGPT utilise le NLP, nous décrirons dans un autre chapitre comment utiliser ChatGPT pour votre trading.

Chapitre 3: Implémenter l'IA dans Votre Stratégie de Trading

Choisir les Bons Outils d'IA pour Votre Style de Trading

En tant que trader non professionnel souhaitant intégrer l'IA dans votre stratégie de trading, il est essentiel de choisir les outils d'IA adaptés à votre style de trading. Avec la multitude d'outils d'IA disponibles sur le marché, il peut être difficile de déterminer lesquels sont les mieux adaptés à vos besoins. Dans ce chapitre, nous

Trading et IA

discuterons de quelques considérations clés à garder à l'esprit lors de la sélection des outils d'IA pour votre style de trading.

Voici quelques exemples d'outils qui peuvent être utilisés par des traders individuels:

Trade Ideas
Trade Ideas est un outil de repérage des opportunités de marché utilisant des algorithmes d'IA pour identifier des opportunités de trading selon des critères définis par l'utilisateur. Il fournit des données de marché en temps réel, des alertes et des filtres personnalisables pour aider les traders à prendre des décisions informées. Ce logiciel est particulièrement apprécié pour sa capacité à analyser rapidement de grandes quantités de données et à proposer des idées de trading pertinentes.

QuantConnect
QuantConnect est une plateforme permettant aux traders de créer, tester et déployer des stratégies de trading algorithmique en utilisant l'IA et l'apprentissage automatique. Elle offre une interface conviviale et un accès à une bibliothèque d'algorithmes préconstruits pour les traders de tous niveaux.

Sentient Trader
Sentient Trader est un outil d'analyse prédictive qui utilise l'IA pour analyser les cycles et les tendances du marché. Il aide les traders à identifier les points de retournement potentiels du marché et à faire des prévisions plus précises sur les mouvements de prix futurs.

Robinhood AI Trading
Robinhood propose des fonctionnalités de trading alimentées par l'IA, fournissant des recommandations d'investissement personnalisées en fonction des préférences et de la tolérance au risque de l'utilisateur. Il offre également des outils d'analyse de marché et de tendances pour aider les traders à prendre des décisions éclairées.

Trading et IA

ZuluTrade

ZuluTrade est une plateforme de trading social qui permet aux utilisateurs de suivre et de copier les stratégies de trading de traders expérimentés. Elle utilise des algorithmes d'IA pour classer et filtrer les traders en fonction de leurs performances, facilitant ainsi la recherche de stratégies de trading réussies pour les non-professionnels.

Ces outils d'IA sont conçus pour simplifier le processus de trading et offrir aux traders non professionnels un accès à des analyses sophistiquées et des capacités de prise de décision. Cependant, il est important de mener des recherches approfondies et de comprendre le fonctionnement de chaque outil avant de les intégrer dans votre stratégie de trading.

Le premier pas pour choisir les bons outils d'IA est de comprendre votre style de trading. Êtes-vous un trader journalier, un trader de swing, ou un investisseur à long terme ? Préférez-vous l'analyse technique ou l'analyse fondamentale ? En identifiant votre style de trading, vous pouvez réduire les options et vous concentrer sur les outils d'IA spécifiquement conçus pour votre type de trading.

Ensuite, considérez les fonctionnalités et capacités des outils d'IA. Recherchez des outils offrant des analyses prédictives, des analyses de tendances et la reconnaissance de motifs. Ces fonctionnalités peuvent vous aider à prendre des décisions de trading éclairées basées sur des analyses de données. De plus, considérez le niveau d'automatisation offert par les outils d'IA. Certains outils proposent des stratégies de trading entièrement automatisées, tandis que d'autres offrent des options de trading semi-automatisées ou manuelles. Choisissez un outil en accord avec votre niveau de confort et d'expérience en trading.

Un autre facteur important est le niveau de personnalisation et de flexibilité offert par les outils d'IA. Recherchez des outils qui vous permettent d'adapter les algorithmes et les paramètres à votre style de trading et à vos préférences uniques. Cette personnalisation peut vous aider à optimiser les performances des outils d'IA et à améliorer vos résultats de trading.

En conclusion, sélectionner les bons outils d'IA pour votre style de trading nécessite une considération attentive de vos préférences de trading, des fonctionnalités des outils et du niveau de personnalisation disponible. En choisissant des outils d'IA alignés avec votre style de trading, vous pouvez exploiter efficacement la puissance de l'IA dans votre stratégie de trading et améliorer vos performances globales.

Maintenant regardons de plus près certains de ces outils.

Trade ideas (Tendances et Opportunités)

D'abord, il faut savoir que "Trade Ideas" peut se référer à deux choses dans le monde de la finance :

1. Trade Ideas, l'entreprise : Il s'agit d'une entreprise qui facilite l'échange d'idées de trading entre investisseurs institutionnels comme les fonds spéculatifs, les banques et les gestionnaires d'actifs. Ils fournissent une plateforme appelée le Trade Ideas Hub, qui connecte différentes parties sans nécessiter l'utilisation du même logiciel.

2. Trade Ideas, le logiciel : Ce logiciel propose des outils de balayage d'actions, de création de graphiques et d'alertes de trading alimentés par l'IA pour les investisseurs individuels. Il utilise l'IA pour analyser les données de marché et identifier des opportunités de trading potentielles basées sur l'analyse technique et d'autres facteurs.

Voici une ventilation de chacun pour vous aider à mieux les comprendre :

Trading et IA

Trade Ideas (l'entreprise) : n'est pas directement pertinente pour les traders quotidiens. Ils fournissent une infrastructure pour les institutions afin de partager des idées de trading.

Trade Ideas (le logiciel) : Utilise l'IA pour l'analyse des actions et peut être un outil potentiel pour les investisseurs individuels. Il offre des fonctionnalités comme :

- Balayage d'actions alimenté par l'IA pour identifier des trades potentiels
- Outils de création de graphiques et d'analyse en temps réel
- Alertes de trading automatisées basées sur l'analyse de l'IA
- Capacités de backtesting pour tester des stratégies de trading

Holly AI : L'Assistant de Trading Virtuel de Trade Ideas

Holly AI est un **outil de recommandation d'actions alimenté par l'IA** conçu pour les abonnés premium de Trade Ideas. Il fournit des suggestions en temps réel pour les trades d'actions, y compris les points d'entrée et de sortie, en se concentrant sur le trading intrajournalier.

Holly AI utilise ainsi plus de 60 algorithmes pour analyser les données historiques du marché et identifier des opportunités de trading. Ces algorithmes ne sont pas personnalisables par l'utilisateur et se concentrent sur des stratégies d'analyse technique. Holly AI scanne le marché chaque nuit et effectue des tests rétrospectifs pour générer des idées de trading pour le jour suivant.

Les Avantages :

- Gagne du temps en scannant automatiquement les trades potentiels.

Trading et IA

- Fournit une analyse impartiale basée sur des données historiques.
- Offre des signaux clairs d'entrée et de sortie pour chaque suggestion de trade.

Ses Limitations :

- S'appuie sur des données passées, ce qui peut ne pas toujours prédire les performances futures.
- Non personnalisable, les utilisateurs ne peuvent pas ajuster la stratégie de trading derrière les recommandations.
- Disponible uniquement pour les abonnés premium de Trade Ideas.
- Se concentre sur le trading intrajournalier, ce qui peut ne pas convenir à tous les objectifs des investisseurs.

Holly AI peut être un outil utile pour les traders intrajournaliers ou ceux intéressés par le trading assisté par l'IA. Cependant, il est important de comprendre ses limites et de l'utiliser en complément de vos propres recherches et stratégies de gestion des risques.

Voici quelques ressources supplémentaires qui pourraient vous être utiles :

Guide de l'utilisateur des idées commerciales Holly AI :

https://www.trade-ideas.com/guide/chapter/19_16/19.16Holly_AI_Auto_Trading.html

L'IA Smart Risk de Trade Ideas se réfère quant à elle à un ensemble de fonctionnalités utilisant l'intelligence artificielle pour aider les utilisateurs à gérer les risques dans leurs trades. Voici ce qu'elle offre :

- Suggestions de stop-loss et objectifs de profit alimentées par l'IA : Trade Ideas analyse les données historiques, la volatilité et les mouvements de prix récents pour suggérer des niveaux appropriés de stop-loss et d'objectifs de profit pour chaque trade. Ces suggestions sont affichées sous forme de lignes sur les graphiques et ne sont pas personnalisables par l'utilisateur.

- Niveaux de risque intelligents : Cette fonctionnalité met en évidence des zones sur le graphique où le prix de l'action pourrait rencontrer une résistance ou un support basé sur les données historiques et la volatilité. Cela aide les traders à identifier des points d'entrée et de sortie potentiels en fonction de leur tolérance au risque.

- Calcul du ratio risque/rendement : Trade Ideas calcule le ratio risque/rendement potentiel pour chaque trade en fonction des niveaux de stop-loss et d'objectifs de profit suggérés. Cela aide les traders à évaluer le gain potentiel par rapport à la perte potentielle pour chaque trade.

L'IA Smart Risk de Trade Ideas est un outil précieux pour les traders souhaitant intégrer une gestion des risques alimentée par l'IA dans leur stratégie. Cependant, il est important de se rappeler que ce n'est qu'une pièce du puzzle. Il est toujours essentiel de mener vos propres recherches, de comprendre les limites de l'IA et de garder le contrôle sur vos décisions de trading.

Voici quelques ressources supplémentaires qui pourraient vous être utiles :

Trade Ideas Smart Risk Levels User Guide:
 https://www.trade-ideas.com/guide/chapter/14_10/14.10Smart_Risk_Levels.html

Trade Ideas a reçu de nombreux retours positifs de ses utilisateurs. Les clients louent la plateforme pour son impact sur leurs activités de trading, en soulignant son utilité pour les débutants en bourse, l'avantage qu'elle offre aux traders de détail et son service client exceptionnel. Un utilisateur a mentionné une amélioration significative de ses performances de trading après avoir rejoint la TI Trading Room, tandis qu'un autre a rapporté un gain de 25 % dès son premier trade d'options basé sur les insights de la plateforme.

Pour plus de témoignages détaillés, vous pouvez visiter le site de Trade Ideas : https://www.trade-ideas.com/

Notes Importantes

Bien que Trade Ideas (logiciel) puisse être un outil utile, il est crucial de faire vos propres recherches avant d'utiliser toute plateforme de trading alimentée par l'IA. Rappelez-vous, l'IA est un outil pour assister vos décisions de trading, et non une garantie de succès. Gardez toujours le contrôle et comprenez les raisons derrière les suggestions de l'IA.

QuantConnect (Trading Algorithmique)

QuantConnect est une plateforme de **trading algorithmique** open-source basée sur le cloud, conçue pour les actions, les futures, les options, les cryptomonnaies et autres dérivés. Elle s'adresse à une gamme d'utilisateurs, des débutants aux traders algorithmiques expérimentés.

QuantConnect permet de concevoir et de coder vos propres stratégies de trading algorithmique en utilisant Python ou C#. Elle supporte également d'autres langages grâce à son projet open-source, le Lean Algorithmic Trading Engine (LEAN), qui fournit une base solide pour le développement algorithmique. Cela permet aux utilisateurs de personnaliser leurs stratégies de trading en fonction de leurs besoins spécifiques.

Trading et IA

En outre, QuantConnect offre des capacités de backtesting basées sur le cloud. Cela signifie que les utilisateurs peuvent tester leurs stratégies de trading sur des données historiques sans avoir besoin de leur propre infrastructure informatique. Cette fonctionnalité permet d'évaluer les performances des stratégies avant de les déployer avec du capital réel, ce qui est essentiel pour affiner et optimiser les algorithmes.

Une fois la stratégie de trading optimisée grâce au backtesting, QuantConnect permet de la déployer en direct avec divers courtiers intégrés. Cela offre une transition fluide du développement à l'exécution, facilitant ainsi l'application des stratégies sur le marché réel.

QuantConnect présente de nombreux avantages. Étant open-source et gratuit, il est accessible à un large éventail d'utilisateurs, y compris ceux qui sont nouveaux dans le trading algorithmique. La plateforme basée sur le cloud élimine le besoin de gérer sa propre infrastructure informatique pour le backtesting ou le trading en direct. De plus, le support de plusieurs langages de programmation offre une grande flexibilité pour les développeurs avec différentes préférences. Enfin, QuantConnect bénéficie d'une communauté active et dynamique qui partage des ressources et contribue au développement de la plateforme, enrichissant ainsi l'expérience utilisateur.

Cependant, il y a quelques points à considérer avant de plonger dans l'utilisation de QuantConnect. Développer et tester des stratégies algorithmiques nécessite des connaissances en programmation, ce qui peut être un obstacle pour certains utilisateurs. Comme toute plateforme de trading, le trading en direct comporte toujours un risque de perte d'argent. Il est donc crucial de gérer ses attentes et de comprendre que, bien que l'IA soit un outil puissant, le succès en trading algorithmique nécessite une combinaison de développement de stratégies, de gestion des risques et de connaissances approfondies du marché.

En conclusion, QuantConnect est une plateforme précieuse pour ceux qui s'intéressent au trading algorithmique. Son caractère open-source, son infrastructure basée sur le cloud et sa grande communauté en font un bon point de départ. Cependant, il est important de se rappeler que le trading algorithmique comporte des risques inhérents et nécessite un apprentissage et un effort continus. Pour plus d'informations, vous pouvez visiter leur site :

https://www.QuantConnect.com

Sentient Trader (Analyse Technique)

Sentient Trader est un programme logiciel conçu pour **l'analyse technique des marchés financiers**, en particulier orienté vers le trading des **futures** et du **forex**. Il met l'accent sur l'application de la méthode d'analyse des cycles de Hurst, développée par J.M. Hurst, pour identifier des opportunités de trading potentielles.

La méthode des cycles de Hurst repose sur l'analyse des cycles et des ratios dans les données de marché. Bien qu'elle implique des calculs, cette approche ne serait pas considérée comme de l'intelligence artificielle moderne, qui utilise typiquement des algorithmes d'apprentissage automatique.

Il y a un débat quant à savoir si Sentient Trader utilise réellement l'IA au sens strict. Le logiciel pourrait employer des techniques de reconnaissance de motifs pour identifier des schémas récurrents dans l'analyse des cycles de Hurst, mais l'étendue de cette automatisation et sa dépendance aux algorithmes auto-apprenants ne sont pas entièrement claires.

Applications Potentielles de l'IA (Spéculatif)

Il est possible que Sentient Trader utilise une forme basique d'IA en arrière-plan pour optimiser son analyse des données de cycles de Hurst. Cela pourrait inclure le filtrage ou la pondération des points de données en fonction des performances historiques. En théorie, le logiciel pourrait également présenter un certain niveau d'adaptabilité basé sur les données de performance passées, bien que les informations à ce sujet soient limitées.

Points à Considérer

Sentient Trader semble prioriser l'interprétation utilisateur de l'analyse fournie. Il peut mettre en avant des opportunités de trading potentielles, mais la décision finale appartient à l'utilisateur.

Pour ceux qui sont intéressés par des plateformes utilisant une IA plus avancée pour le trading algorithmique, il peut être utile de considérer d'autres options en complément de Sentient Trader.

Pour plus d'informations, vous pouvez visiter leur site : https://sentienttrader.com/

Robinhood AI Trading (Automatisation)

Robinhood envisage l'intégration des technologies d'IA comme essentielle pour rester compétitif. Le PDG, Vlad Tenev, a souligné l'importance de devenir une entreprise d'IA pour le futur. Cela pourrait inclure le développement de nouveaux produits et fonctionnalités pour améliorer la satisfaction client et l'efficacité opérationnelle.

Trading et IA

L'utilisation de l'IA chez Robinhood pourrait s'étendre aux bots de trading crypto, conçus pour automatiser le processus de trading. Ces bots pourraient exécuter des transactions 24/7 selon des critères prédéfinis, offrant des stratégies de trading automatisées, des outils de gestion des risques, des analyses en temps réel et des protocoles de sécurité robustes. Ces fonctionnalités montrent le potentiel de l'IA à améliorer l'efficacité du trading et la prise de décision.

Cependant, il est crucial de prendre en compte les risques et les limitations associés à l'utilisation des systèmes de trading automatisés. Les défaillances techniques, la volatilité du marché et la nécessité d'une surveillance continue sont des considérations clés. Malgré les capacités d'automatisation, les traders sont encouragés à rester informés des conditions du marché et à ajuster leurs stratégies en conséquence pour naviguer efficacement dans la nature imprévisible des marchés de crypto-monnaies.

Robinhood ne propose actuellement pas de fonctionnalités intégrées de trading AI, comme des bots de trading crypto directement dans sa plateforme. Robinhood est principalement connu pour ses services de trading d'actions et d'ETF sans commission, visant à démocratiser la finance pour tous en offrant une interface conviviale qui simplifie le processus d'investissement pour les investisseurs particuliers. Bien que la plateforme ait été pionnière dans l'accessibilité du trading à un public plus large, son focus a été davantage sur l'expérience utilisateur et l'accessibilité plutôt que sur l'offre d'outils de trading avancés tels que les bots alimentés par l'IA ou les stratégies de trading automatisées.

Robinhood met l'accent sur la facilité d'utilisation, cherchant à attirer et à retenir les utilisateurs qui peuvent être novices en investissement ou préférer une plateforme simple pour leurs besoins de trading. L'accent est mis sur le trading manuel, avec des fonctionnalités conçues pour soutenir la prise de décision individuelle plutôt que d'automatiser les transactions basées sur des algorithmes ou l'IA.

Trading et IA

Pour les utilisateurs intéressés par des outils de trading plus avancés, y compris ceux alimentés par l'IA, il existe des services et plateformes tiers qui offrent de telles fonctionnalités. Ceux-ci peuvent parfois être utilisés en conjonction avec Robinhood via des APIs, bien que cela doive être fait avec précaution en raison des restrictions potentielles de la politique ou des conditions de service.

Quelques Services et Plateformes Tiers Offrant des Fonctionnalités d'IA

Equities.com : Utilise l'IA pour analyser de grandes quantités de données financières et générer des insights sur les entreprises cotées en bourse. Il peut fournir des notations d'actions alimentées par l'IA, des analyses de sentiment des infos et des mouvements de prix potentiels.

MarketWatch : Bien que n'étant pas purement alimenté par l'IA, MarketWatch offre un outil de "Stock Screener" qui intègre certains filtres basés sur l'IA selon divers critères définis par l'utilisateur.

TipRanks : Agrège les notations d'actions des analystes et les combine avec une analyse des données financières, du sentiment des news et du buzz sur les réseaux sociaux alimentée par l'IA.

TrendSpider : Offre des outils d'analyse technique alimentés par l'IA et identifie des opportunités de trading potentielles basées sur une analyse algorithmique.

Ce ne sont que quelques exemples, il est important de mener vos propres recherches sur toute plateforme avant de l'utiliser.

Plateformes d'Analyse de Sentiment

1. RavenPack

RavenPack est un leader dans la fourniture d'analyses de grandes données pour les services financiers. La plateforme analyse les données structurées et non structurées, incluant les nouvelles et les médias sociaux, pour générer une analyse de sentiment en temps réel. Cette analyse aide les traders et les gestionnaires de portefeuille à prendre des décisions plus éclairées en fournissant des insights sur le sentiment du marché qui pourrait affecter les prix des actifs.

2. Sentiment Trader

Sentiment Trader offre des outils pour visualiser le sentiment dérivé des médias sociaux, des nouvelles, et des données fondamentales. Leur IA analyse de vastes quantités de données pour offrir aux traders des insights sur la manière dont les sentiments sont susceptibles d'influencer différents actifs et marchés. C'est particulièrement utile pour les traders qui doivent évaluer rapidement l'impact du sentiment sur les conditions de marché.

3. Accern

Accern est une plateforme d'IA sans code qui améliore l'automatisation des flux de travail pour les services financiers en surveillant les actualités, les blogs et les médias sociaux en temps réel. Les modèles d'analyse de sentiment d'Accern peuvent identifier et catégoriser les opinions dans les données textuelles, aidant les traders à comprendre le sentiment du marché et les impacts potentiels sur leurs stratégies de trading.

4. Social Market Analytics (SMA)

SMA fournit des données de sentiment à haute fréquence dérivées des médias sociaux. Il quantifie le sentiment des tweets concernant les marchés financiers, générant des signaux exploitables qui peuvent informer les décisions de trading. Les flux de données de SMA sont souvent intégrés dans des modèles quantitatifs pour améliorer le pouvoir prédictif des mouvements de marché.

5. PsychSignal

PsychSignal offre des analyses de sentiment des traders, traduisant les données des médias sociaux et autres textes en scores de sentiment exploitables. En analysant le bavardage de sources telles que Twitter et les forums spécifiques aux actions, PsychSignal aide les traders à comprendre le sentiment public envers des actions particulières ou le marché en général.

6. Bloomberg Terminal

Bien que principalement connu pour ses données financières complètes, Bloomberg Terminal offre également de puissants outils d'analyse de sentiment qui analysent les nouvelles et les médias sociaux. Ces outils peuvent aider les traders à obtenir une vue plus complète des conditions du marché en comprenant comment le sentiment évolue et ses effets potentiels sur le marché.

ZuluTrade (Social & Copy Trading)

ZuluTrade se présente comme une **plateforme de trading social et de copy trading** pour le forex et d'autres marchés. Bien qu'ils

Trading et IA

mettent en avant l'utilisation de stratégies de trading alimentées par l'IA par certains de leurs fournisseurs de signaux (les traders que vous pouvez copier), il est important de comprendre les nuances.

L'utilisation de l'IA par ZuluTrade n'est pas une fonctionnalité intégrée à l'ensemble de la plateforme. Elle est proposée par certains traders individuels (fournisseurs de signaux) qui peuvent utiliser l'IA dans leurs stratégies de trading. Cependant, ZuluTrade ne divulgue pas nécessairement quels fournisseurs de signaux utilisent l'IA ou le type spécifique d'algorithmes d'IA employés.

ZuluTrade permet de se connecter et de copier les trades d'autres traders. Ces fournisseurs de signaux peuvent employer diverses stratégies de trading, y compris certaines qui pourraient utiliser l'IA pour l'analyse ou la génération de signaux. En choisissant quels fournisseurs de signaux copier, vous êtes finalement responsable de la performance de vos trades copiés.

Considérations Importantes avec ZuluTrade et l'IA

Lors de la copie d'un fournisseur de signaux, vous leur confiez essentiellement le contrôle de vos trades. Il est crucial de choisir des fournisseurs réputés avec un historique de performance prouvé. Méfiez-vous des fournisseurs de signaux faisant des promesses irréalistes de profits garantis. Les performances passées ne prédisent pas nécessairement les résultats futurs.

Même avec des stratégies alimentées par l'IA, il est essentiel de faire des recherches approfondies sur les fournisseurs de signaux avant de copier leurs trades. Comprenez leur style de trading, leur tolérance au risque et leurs performances historiques.

ZuluTrade peut être une plateforme intéressante pour explorer le trading social et le copy trading, mais l'utilisation de l'IA dépend des fournisseurs de signaux individuels et non de la plateforme elle-même. Avant de copier des trades, priorisez une recherche approfondie sur les fournisseurs de signaux et comprenez les risques inhérents impliqués.

Intégrer l'IA à l'Analyse Technique

Dans un environnement de marché rapide et volatile, les traders non professionnels cherchent constamment à améliorer leurs stratégies de trading. Une des méthodes les plus innovantes et efficaces consiste à intégrer l'intelligence artificielle (IA) à l'analyse technique.

L'analyse technique est depuis longtemps un outil populaire utilisé par les traders pour analyser les mouvements de prix passés et prédire les tendances futures. En étudiant les graphiques, les motifs et les indicateurs, les traders peuvent prendre des décisions éclairées sur le moment d'acheter ou de vendre un actif particulier. Cependant, l'analyse technique peut être complexe et chronophage, nécessitant une compréhension approfondie des dynamiques et des tendances du marché.

En intégrant l'IA à l'analyse technique, les traders non professionnels peuvent améliorer leurs stratégies de trading. Les algorithmes d'IA sont capables de traiter d'énormes quantités de données à une vitesse fulgurante, identifiant des motifs et des tendances que les traders humains pourraient manquer. Cela peut aider les traders à prendre des décisions plus précises et plus opportunes, augmentant ainsi leurs chances de succès sur le marché.

Il existe plusieurs façons d'intégrer l'IA à l'analyse technique. Par exemple, les plateformes de trading alimentées par l'IA peuvent analyser des données historiques pour identifier des motifs et des tendances, et faire des recommandations de trading en temps réel basées sur cette analyse. L'IA peut également être utilisée pour développer des modèles prédictifs capables de prévoir les mouvements de prix futurs avec une grande précision.

Trading et IA

En exploitant la puissance de l'IA dans leurs stratégies de trading, les traders non professionnels peuvent obtenir un avantage concurrentiel sur le marché et augmenter leurs chances de succès. Avec les bons outils et les bonnes connaissances, les traders peuvent ainsi utiliser l'IA pour prendre des décisions de trading plus informées et plus rentables.

Un bon exemple de ce type d'utilisation est : **CentralCharts**

Lutessia : L'IA de CentralCharts

Introduction à Lutessia

Lutessia est un outil d'IA avancé intégré à la plateforme CentralCharts, conçu pour améliorer les capacités d'analyse technique des traders. Elle utilise des algorithmes d'apprentissage automatique pour analyser les données historiques, prédire les mouvements futurs du marché et fournir des insights de trading exploitables. Ce système d'IA est adapté pour aider à la fois les traders novices et expérimentés en automatisant les processus d'analyse complexes et en offrant des recommandations personnalisées.

Fonctionnement de Lutessia

Lutessia traite de vastes quantités de données historiques du marché pour identifier des motifs et des tendances. Cela inclut les mouvements de prix, les changements de volume et d'autres indicateurs pertinents. L'IA utilise des algorithmes sophistiqués pour détecter des motifs récurrents qui pourraient indiquer des mouvements futurs potentiels.

Au cœur de la fonctionnalité de Lutessia se trouvent ses modèles d'apprentissage automatique, qui sont sans doute entraînés sur des années de données de marché et une belle expérience et expertise et ses créateurs.. Ces modèles sont continuellement affinés à mesure que de nouvelles données deviennent disponibles, garantissant que les prédictions et analyses de l'IA restent pertinentes et précises.

Lutessia intègre des indicateurs techniques standards dans son analyse, tels que les moyennes mobiles, le RSI et le MACD. En combinant ces outils traditionnels avec des insights pilotés par l'IA, la plateforme fournit une analyse robuste qui améliore la précision prédictive.

L'IA analyse alors les conditions du marché en temps réel et fournit des recommandations basées sur les tendances actuelles du marché. Ces recommandations incluent des points d'entrée et de sortie potentiels, des évaluations de risque et des niveaux de stop-loss et de take-profit suggérés.

Avantages de l'Utilisation de Lutessia pour l'Analyse Technique

L'utilisation de l'IA et de l'apprentissage automatique par Lutessia offre un niveau de précision supérieur dans les prédictions et l'analyse du marché par rapport aux méthodes traditionnelles seules. Cela peut grandement bénéficier aux traders en réduisant la probabilité de faux signaux et en améliorant le taux de réussite des trades.

En automatisant le processus d'analyse, Lutessia permet aux traders de gagner beaucoup de temps. Cela permet aux utilisateurs de se concentrer davantage sur l'optimisation de la stratégie et moins sur le processus fastidieux d'analyse des données.

Lutessia peut ainsi adapter son analyse et ses recommandations en fonction du style de trading individuel et de la tolérance au risque de chaque utilisateur. Cette personnalisation en fait un outil polyvalent adapté à une large gamme de stratégies de trading.

L'IA fournit des outils d'évaluation des risques détaillés qui aident les traders à gérer et à atténuer les pertes potentielles. En analysant les données historiques et les conditions actuelles du marché, Lutessia peut suggérer des stratégies de gestion des risques optimales adaptées à des trades spécifiques.

Exemples de Résultats Utilisant Lutessia

Exemple : **Day Trading sur les Marchés Boursiers**
Considérons un day trader se concentrant sur le secteur technologique. Lutessia identifie un motif de breakout dans l'action d'une grande entreprise technologique après un rapport de résultats positif. L'IA suggère d'acheter l'action à 150 $ avec un stop loss à 147 $ et un prix cible de vente à 160 $. Le trader suit la recommandation de l'IA et l'action atteint la cible dans la journée, résultant en un gain à court terme réussi.

Scénario de Trading de Cryptomonnaies
Les marchés des cryptomonnaies sont connus pour leur volatilité et leurs changements de prix rapides. Dans cet exemple, un trader utilise Lutessia pour trader le Bitcoin (BTC), visant à tirer parti des mouvements de prix à court terme.

Le trader commence par analyser l'activité récente du marché du Bitcoin à travers Lutessia. L'outil d'IA évalue les données historiques, les tendances récentes des prix, le volume de trading et applique des indicateurs techniques pour établir une perspective de marché complète.

Grâce à ses algorithmes d'apprentissage automatique, Lutessia identifie un potentiel motif haussier en développement basé sur la convergence de plusieurs indicateurs :

Trading et IA

- Croisement de Moyenne Mobile : La moyenne mobile sur 50 jours croise au-dessus de celle sur 200 jours, un signal traditionnel de potentiel momentum haussier.

- RSI (Relative Strength Index) : Le RSI dépasse 60, suggérant une augmentation de l'élan acheteur sans entrer en territoire de surachat.

- MACD (Moving Average Convergence Divergence) : La ligne MACD croise au-dessus de la ligne de signal, indiquant une opportunité d'achat.

Alors que le marché s'ouvre, le Bitcoin montre une légère baisse de prix que Lutessia identifie comme un "pullback" typique dans un marché haussier. L'IA recommande d'utiliser ce pullback comme une opportunité d'achat.

Basé sur l'analyse actuelle du marché, Lutessia suggère l'installation de trade suivante :

- Point d'Entrée : Acheter du BTC au prix actuel du marché de 65 000 $.

- Ordre Stop-Loss : Placer un stop-loss à 64 000 $ pour limiter les pertes potentielles si le marché s'inverse de manière inattendue.

- Ordre Take-Profit : Placer un take-profit initial à 67 000 $ pour sécuriser les gains.

Lutessia fournit également une évaluation des risques indiquant un risque modéré en raison de la volatilité du marché, avec des recommandations supplémentaires pour ajuster le trade :

Trading et IA

- Si le prix atteint 66 500 $ avant d'atteindre le take-profit, ajuster le stop-loss au point d'entrée pour atteindre le seuil de rentabilité.

- Considérer de vendre 50 % de la position à 66 500 $ pour verrouiller des profits partiels et laisser le reste courir jusqu'à 67 000 $.

Le trader suit les recommandations de Lutessia :

- Achat : Le trader entre sur le marché à 65 000 $ lors du pullback.

- Ajustement : Alors que le marché approche 66 500 $, le trader suit les conseils de l'IA pour ajuster le stop-loss et vendre la moitié de la position.

- Résultat Final : Le Bitcoin atteint le niveau de take-profit à 67 000 $ plus tard dans la journée. La stratégie ajustée sécurise les profits tout en protégeant la position contre une éventuelle inversion.

Dans ce scénario, l'analyse pilotée par l'IA de Lutessia permet au trader de prendre des décisions stratégiques et éclairées dans le marché volatil des cryptomonnaies. En tirant parti des données en temps réel, des analyses prédictives et des recommandations de gestion des risques, le trader capitalise efficacement sur les mouvements du marché avec une confiance accrue. Cet exemple souligne l'utilité de Lutessia pour fournir des insights exploitables et des stratégies de trading adaptées aux conditions de marché dynamiques, en particulier dans l'environnement à enjeux élevés du trading de cryptomonnaies.

Ce qui est intéressant c'est que Lutessia se donne des critères pour évaluer la réussite de sa recommandation, et reconnaît volontiers lorsqu'elle s'est trompée.

Conclusion

Lutessia offre un outil puissant pour les traders cherchant à tirer parti des capacités de l'IA dans leur stratégie de trading. Avec son analyse avancée des données, ses recommandations en temps réel et ses insights personnalisés, elle offre un avantage substantiel pour naviguer dans la complexité des différents marchés financiers. Que ce soit pour le day trading, le swing trading ou les stratégies d'investissement à long terme, l'approche pilotée par l'IA de Lutessia améliore la prise de décision et peut mener à des résultats de trading plus profitables.

Lutessia, bien que développée à l'origine en français et principalement destinée aux traders francophones, dispose d'équivalents disponibles dans plusieurs autres langues majeures pour répondre à un public mondial. Cette expansion garantit que les traders du monde entier peuvent utiliser les puissants outils pilotés par l'IA offerts par CentralCharts dans leur langue maternelle, améliorant ainsi l'accessibilité et l'utilisabilité. Voici les noms des équivalents de Lutessia en anglais, espagnol, allemand et italien : Londinia, Madritia, Berolinia, Romia.

Libertify et Boursorama (Reco marketée)

Libertify[1] est une plateforme d'intelligence artificielle utilisée par Boursorama pour mieux informer ses utilisateurs en analysant les tendances du marché et les nouvelles pertinentes. Elle offre des

---
[1] https://www.boursorama.com/videos/tv/videos-intelligence-artificielle

Trading et IA

recommandations basées sur l'actualité pouvant influencer positivement ou négativement la valeur des actions et intègre également une analyse technique succincte pour identifier les niveaux de résistance à surveiller.

Libertify ne se contente pas de repérer les valeurs susceptibles de monter ; elle signale également les actifs à risque de dépréciation. En combinant les tendances actuelles du marché avec une analyse technique, Libertify aide les investisseurs à prendre des décisions 'éclairées' en matière d'achat et de vente.

Il s'agit en fait d'une association entre Boursorama et Libertify, société fondée par un ancien fondateur de Pixmania, Deezer... , soit une entreprise reconnue[2] pour ses outils de gestion des risques et de conseil en investissement, particulièrement dans le domaine des cryptomonnaies. L'entreprise a été distinguée dans le cadre du concours Fast Track Hong Kong FinTech in Paris, soulignant son potentiel à transformer le paysage fintech. Libertify propose des outils qui aident à identifier et gérer les risques en fonction des profils de risque des utilisateurs, et intègre des techniques de science comportementale pour ajuster ces profils de manière continue.

Vis à vis des vidéos proposées sur le site de Boursorama, où l'on voit une Intelligence Artificielle 'Libertify' incarnée par une présentatrice virtuelle caractéristique des personnifications de l'IA à notre époque, il semble que ce soit surtout de la 'communication' pour rendre des suggestions de tendances boursières relativement simples, et accessibles aux traders individuels.
Pour les utilisateurs de Boursorama qui envisagent d'utiliser Libertify, il est important de garder à l'esprit que, bien que cette technologie puisse offrir des perspectives intéressantes, elle doit être utilisée comme un complément à d'autres sources d'information et à une analyse personnelle approfondie. L'intégration de Libertify avec Boursorama vise à fournir des conseils d'investissement et des analyses techniques, mais il est essentiel de vérifier la robustesse des données et de rester critique vis-à-vis des recommandations fournies.

---

[2] https://www.business2community.com/trading/libertify-review

En conclusion, bien que Libertify et Boursorama puissent offrir des outils utiles pour les investisseurs, il est crucial de prendre ces conseils avec précaution et de ne pas se fier uniquement à ces belles apparences pour prendre des décisions financières importantes

Utilisation de l'IA pour la Gestion des Risques

Dans le monde du trading, la gestion des risques est cruciale pour réussir. Avec l'avancement de la technologie, l'intelligence artificielle (IA) est devenue un outil puissant pour les traders de tous les jours afin d'améliorer leurs stratégies de gestion des risques. En intégrant l'IA dans votre approche de trading, vous pouvez efficacement atténuer les risques et prendre des décisions plus éclairées.

Une des principales manières dont l'IA peut être utilisée pour la gestion des risques est à travers l'**analyse prédictive**. Les algorithmes

Trading et IA

d'IA peuvent analyser d'énormes quantités de données pour identifier des motifs et des tendances pouvant indiquer des risques potentiels sur le marché. En utilisant cette puissance prédictive, les traders peuvent ajuster leurs stratégies de manière proactive pour minimiser les pertes potentielles.

Une autre manière dont l'IA peut aider à la gestion des risques est à travers les systèmes de trading automatisés. Ces systèmes utilisent des algorithmes d'IA pour exécuter des transactions basées sur des règles et des paramètres prédéfinis. En automatisant le processus de trading, les traders peuvent réduire l'aspect émotionnel de la prise de décision, ce qui conduit souvent à des choix impulsifs et risqués.

De plus, l'IA peut également être utilisée pour créer des modèles de risque qui évaluent la probabilité de différents résultats sur le marché. En intégrant ces modèles dans votre stratégie de trading, vous pouvez mieux comprendre les risques potentiels associés à chaque transaction et prendre des décisions plus éclairées.

Trading et IA

En incorporant l'IA dans votre stratégie de gestion des risques, vous pouvez améliorer votre approche de trading et augmenter vos chances de succès sur le marché. Que vous soyez un trader novice ou que vous ayez de l'expérience dans le domaine, l'utilisation de l'IA pour la gestion des risques peut vous aider à naviguer dans la complexité du marché et à réaliser des trades plus profitables.

Chapitre 4: Études de Cas de Traders à Succès Utilisant l'IA

Hedge Funds Utilisant l'IA pour le Trading

Dans le monde rapide du trading, les fonds de couverture (Hedge Funds) cherchent constamment de nouveaux moyens pour surpasser la concurrence. L'intelligence artificielle (IA) est l'un des outils les plus puissants à leur disposition. En exploitant la puissance de l'IA, les fonds de couverture peuvent analyser d'énormes quantités

Trading et IA

de données en temps réel, identifier des motifs et prendre des décisions de trading plus éclairées.

L'IA a révolutionné le fonctionnement des fonds de couverture, leur permettant d'automatiser les stratégies de trading et d'exécuter des transactions à une vitesse fulgurante. Cela leur donne un avantage significatif sur le marché, car ils peuvent réagir aux conditions du marché plus rapidement que les traders humains.

L'un des principaux moyens par lesquels les fonds de couverture utilisent l'IA pour le trading est le trading algorithmique. Ces algorithmes peuvent analyser les données du marché et exécuter des transactions sans aucune intervention humaine, permettant aux fonds de couverture de profiter des opportunités du marché 24h/24 et 7j/7.

Un autre moyen d'utilisation de l'IA par les fonds de couverture est l'analyse de sentiment. En analysant les posts sur les réseaux sociaux, les articles de presse et d'autres sources d'information, l'IA peut évaluer le sentiment du marché et faire des prédictions sur la performance future de certains actifs.

Pour les traders non professionnels souhaitant intégrer l'IA dans leur stratégie de trading, étudier la manière dont les fonds de couverture utilisent l'IA peut fournir des informations précieuses. Bien que les traders individuels n'aient pas accès aux mêmes ressources que les fonds de couverture, il existe toujours des moyens d'utiliser l'IA pour améliorer les performances de trading.

En utilisant des outils et des plateformes d'IA, les traders non professionnels peuvent accéder à des algorithmes sophistiqués et à des techniques d'analyse de données qui peuvent les aider à prendre des décisions de trading plus éclairées. Avec la bonne approche, l'IA peut être un outil puissant pour les traders de tous les jours cherchant à rester en avance dans un marché de plus en plus compétitif.

Trading et IA

Traders de Détail Intégrant l'IA dans leurs Stratégies

Ces dernières années, il y a eu un changement significatif dans la manière dont les traders de détail abordent les marchés financiers. Avec l'avènement de la technologie de l'intelligence artificielle (IA), de nombreux traders non professionnels intègrent désormais l'IA dans leurs stratégies de trading pour obtenir un avantage concurrentiel.

Les traders de détail se tournent de plus en plus vers les outils et les algorithmes d'IA pour les aider à prendre des décisions de trading plus éclairées. Ces systèmes d'IA peuvent analyser d'énormes quantités de données à des vitesses bien supérieures aux capacités humaines, permettant aux traders d'identifier des motifs et des tendances qui pourraient ne pas être apparents à l'œil nu.

L'un des principaux moyens par lesquels les traders de détail intègrent l'IA dans leurs stratégies est l'utilisation de systèmes de trading automatisés. Ces systèmes utilisent des algorithmes d'IA pour exécuter des transactions au nom du trader, en fonction de règles et de paramètres prédéfinis. Cela peut aider les traders à éliminer les émotions de l'équation du trading et à s'en tenir à leur stratégie, même dans des conditions de marché volatiles.

Un autre moyen d'exploitation de l'IA par les traders de détail est l'utilisation de l'analyse prédictive. En analysant les données historiques et les tendances du marché, les algorithmes d'IA peuvent aider les traders à prévoir les mouvements futurs des prix avec une plus grande précision. Cela peut aider les traders à prendre des décisions plus éclairées sur le moment d'entrer ou de sortir d'une transaction, augmentant potentiellement leurs profits.

Globalement, l'utilisation de l'IA dans le trading a le potentiel de niveler le terrain de jeu pour les traders non professionnels, leur permettant de rivaliser plus efficacement avec les investisseurs institutionnels et les traders professionnels. En intégrant l'IA dans leurs stratégies de trading, les traders de détail peuvent exploiter la puissance de la technologie pour améliorer leurs performances de trading et atteindre leurs objectifs financiers.

Exemples Concrets de l'Amélioration des Performances de Trading grâce à l'IA

Utilisation par les Hedge Funds

Dans le monde rapide du trading, les fonds de couverture (Hedge Funds) utilisent de plus en plus l'intelligence artificielle (IA) pour obtenir un avantage concurrentiel. L'IA permet d'analyser d'énormes quantités de données en temps réel, d'identifier des motifs et de prendre des décisions de trading plus informées. Cela a révolutionné leur fonctionnement en automatisant les stratégies de trading et en exécutant des transactions à une vitesse fulgurante.

Les fonds de couverture utilisent notamment le trading algorithmique, où les algorithmes analysent les données du marché et exécutent des transactions sans intervention humaine. Ils utilisent également l'analyse de sentiment, qui évalue les posts sur les réseaux sociaux, les articles de presse et d'autres sources d'information pour prédire la performance future des actifs.

Pour les traders non professionnels, étudier comment les fonds de couverture utilisent l'IA peut fournir des insights précieux. Bien que les ressources soient différentes, il est toujours possible d'améliorer les performances de trading en utilisant des outils et des plateformes d'IA sophistiqués.

Trading et IA

Intégration de l'IA par les Traders de Détail

Ces dernières années, de nombreux traders de détail ont commencé à intégrer l'IA dans leurs stratégies pour obtenir un avantage. Les systèmes d'IA peuvent analyser des quantités massives de données à des vitesses bien au-delà des capacités humaines, permettant d'identifier des motifs et des tendances invisibles à l'œil nu.

Les traders de détail utilisent des systèmes de trading automatisés, qui exécutent des transactions basées sur des règles prédéfinies, éliminant les émotions du processus de décision. De plus, l'analyse prédictive, qui utilise les données historiques pour prévoir les mouvements futurs des prix, permet aux traders de prendre des décisions plus éclairées et potentiellement plus profitables.

L'utilisation de l'IA dans le trading permet de niveler le terrain de jeu pour les traders non professionnels, leur permettant de rivaliser plus efficacement avec les investisseurs institutionnels.

Études de Cas de Traders Réussissant grâce à l'IA

Ray Dalio, fondateur de Bridgewater Associates, a utilisé l'IA pour améliorer les performances de trading de son fonds. Bridgewater Associates a développé un système d'IA propriétaire appelé "Pure Alpha", qui analyse les tendances du marché, les données économiques et d'autres facteurs pour identifier les opportunités de trading. Ce système a permis au fonds de réaliser des rendements constants et rentables pour ses investisseurs.

Un exemple marquant est la performance du fonds phare de Bridgewater, Pure Alpha II, qui a régulièrement surpassé les indices de référence du marché. En 2020, le fonds a généré un rendement de plus de 14 %, dépassant de nombreux autres fonds et véhicules d'investissement dans un environnement de marché difficile.

Autres Exemples Réels de l'Amélioration des Performances de Trading grâce à l'IA

1. **Fonds de Couverture Quantitatifs** : Des fonds comme Renaissance Technologies et Two Sigma utilisent des algorithmes d'IA pour analyser des données financières massives et identifier des opportunités de trading rentables.
2. **Trading à Haute Fréquence** : Les entreprises de trading à haute fréquence utilisent des algorithmes alimentés par l'IA pour exécuter des transactions en millisecondes, en se basant sur des données et des signaux de marché en temps réel.
3. **Robo-Advisors** : Des plateformes comme Wealthfront et Betterment utilisent des algorithmes d'IA pour automatiser les décisions d'investissement pour les investisseurs individuels, créant des portefeuilles personnalisés et les rééquilibrant pour optimiser les rendements.
4. **Reconnaissance de Motifs** : Les algorithmes d'IA analysent les données historiques du marché pour identifier des motifs et des tendances, permettant aux traders de prendre des décisions plus éclairées sur le moment d'acheter ou de vendre des actifs.
5. **Analyse de Sentiment** : Les outils d'IA analysent les articles de presse, les posts sur les réseaux sociaux et d'autres sources de sentiment pour évaluer le sentiment des investisseurs et prédire les mouvements du marché.

Ces exemples montrent comment l'IA est utilisée pour améliorer les performances de trading et la prise de décision sur les marchés financiers. En exploitant la puissance de l'IA et de l'apprentissage automatique, les traders et les investisseurs peuvent obtenir un avantage concurrentiel et atteindre de meilleurs résultats dans leurs activités de trading.

Trading et IA

Que pouvez-vous faire à votre niveau individuel ?

Voici quelques outils et sites web accessibles que les traders individuels peuvent utiliser pour améliorer leurs performances de trading et prendre de meilleures décisions sur les marchés financiers :

1. Trading Algorithmique :

- **MetaTrader** : MetaTrader est une plateforme de trading populaire qui offre des capacités de trading algorithmique via ses plateformes MetaTrader 4 et MetaTrader 5. Les traders peuvent utiliser MetaTrader pour développer, tester et déployer des stratégies de trading algorithmique.

2. Analyse Prédictive :

- **TradingView** : TradingView est une plateforme web offrant des outils d'analyse technique et de création de graphiques pour les traders. Elle donne également accès à une communauté de traders partageant des idées et des stratégies basées sur l'analyse prédictive.

3. Analyse de Sentiment :

- **Investing.com** : Investing.com propose un outil d'analyse de sentiment qui agrège des articles de presse, des posts sur les réseaux sociaux et des données de marché pour fournir des insights sur le sentiment du marché. Les traders peuvent utiliser cet outil pour évaluer le sentiment des investisseurs et prendre des décisions basées sur des indicateurs de sentiment, même s'il ne s'agit pas encore d'une analyse de sentiment entièrement alimentée par l'IA.

4. Optimisation de Portefeuille :

- **Portfolio Visualizer** : Portfolio Visualizer est un outil en ligne gratuit permettant aux traders d'analyser et d'optimiser leurs portefeuilles d'investissement. Les traders peuvent entrer leurs actifs, leur tolérance au risque et leurs objectifs d'investissement pour créer des portefeuilles diversifiés et analyser les performances historiques.

5. Gestion des Risques :

- **MyFxBook** : MyFxBook est un outil de gestion des risques spécifiquement conçu pour les traders forex. Il offre des fonctionnalités telles que l'analyse des trades, des calculateurs de risques et le suivi des performances pour aider les traders à gérer leur exposition aux risques et à protéger leurs investissements.

Ces outils et sites web offrent des ressources et des capacités accessibles pour permettre aux traders individuels d'améliorer leurs performances de trading, de prendre des décisions plus éclairées et de gérer les risques sur les marchés financiers. Il est important pour les traders de rechercher et de comprendre comment utiliser ces outils efficacement et de prendre en compte leurs propres objectifs et stratégies de trading lors de leur incorporation dans leurs activités de trading.

Regardons en détails

MetaTrader

MetaTrader, en particulier MetaTrader 4 (MT4) et MetaTrader 5 (MT5), sont des plateformes de trading forex et CFD très populaires, largement utilisées par les courtiers et les traders de détail. Bien que ces plateformes ne soient pas intrinsèquement alimentées par l'IA, elles offrent des fonctionnalités pouvant être exploitées pour le trading assisté par l'IA :

Capacités d'IA de MetaTrader

- Expert Advisors (EAs) : Ce sont des scripts de trading automatisés que vous pouvez coder ou acheter auprès de développeurs tiers. Certains EAs peuvent utiliser des techniques d'apprentissage automatique ou d'autres techniques d'IA pour le trading algorithmique.

Trading et IA

- Langages de Programmation MQL4/MQL5 : Ces langages permettent de développer des stratégies de trading personnalisées, potentiellement intégrant des éléments d'IA comme l'analyse de sentiment ou la reconnaissance de motifs de prix. Cependant, des connaissances en codage sont nécessaires.

- Fonctionnalités Limitées d'IA (MT5) : MetaTrader 5 offre une fonctionnalité bêta appelée "Assistant de Code AI" pour certains utilisateurs. Cet assistant fournit des suggestions pour aider à coder des indicateurs personnalisés et des EAs, mais ce n'est pas une solution de trading AI complète.

Avantages Potentiels de l'Utilisation de l'IA avec MetaTrader

- Trading Automatisé : Les EAs peuvent automatiser votre stratégie de trading, réduisant potentiellement le besoin d'intervention manuelle constante.

- Backtesting et Optimisation : Les EAs alimentés par l'IA peuvent être testés sur des données historiques pour optimiser leur performance avant de les déployer avec du capital réel.

- Analyse des Données et Reconnaissance de Motifs : L'IA peut analyser de vastes quantités de données de marché pour identifier des opportunités de trading difficiles à repérer pour les humains.

Considérations Importantes avec l'IA et MetaTrader

- Connaissances en Codage Requises : Le développement ou l'utilisation d'EAs alimentés par l'IA nécessite souvent des compétences en programmation en MQL4/MQL5.

Trading et IA

- Performance Non Garantie : Les EAs alimentés par l'IA ne sont pas infaillibles. Les marchés sont imprévisibles, et même avec l'IA, des pertes peuvent toujours survenir.

- Réglementation et Gestion des Risques : Assurez-vous que votre courtier autorise le trading algorithmique et dispose de mesures de gestion des risques appropriées.

Bien que MetaTrader ne soit pas intrinsèquement alimenté par l'IA, ses fonctionnalités comme les EAs et les langages de programmation permettent l'utilisation de stratégies de trading assistées par l'IA. Cependant, cette approche nécessite des compétences en codage et comporte des risques inhérents. Considérez vos compétences, votre tolérance au risque et explorez d'autres plateformes ou comptes gérés avant de vous lancer dans le trading avec l'IA sur MetaTrader.

TradingView

TradingView est une plateforme de cartographie basée sur le web, très appréciée pour les actions, le forex et d'autres classes d'actifs. Elle offre diverses fonctionnalités pour l'analyse technique, la cartographie et le réseautage social pour les traders. Bien que TradingView ne propose pas de trading entièrement automatisé par l'IA, elle intègre certaines fonctionnalités d'IA utiles pour les traders :

Utilisations de l'IA par TradingView

- Indicateurs alimentés par l'IA : TradingView propose une bibliothèque d'indicateurs techniques, dont certains sont étiquetés comme "IA" ou "apprentissage automatique". Ces indicateurs peuvent utiliser des algorithmes pour analyser les

Trading et IA

données historiques des prix, identifier des motifs et générer des signaux de trading.

- Testeur de stratégie avec optimisation par IA (limité) : Le testeur de stratégie de la plateforme permet de backtester vos stratégies de trading sur des données historiques. Certains plans payants offrent des fonctionnalités limitées pour l'optimisation de ces stratégies par l'IA, mais ce n'est pas un processus entièrement automatisé.

- Reconnaissance de motifs et alertes : Certains indicateurs alimentés par l'IA peuvent utiliser des techniques de reconnaissance de motifs pour identifier des opportunités de trading potentielles et générer des alertes basées sur ces motifs.

Considérations Importantes avec l'IA de TradingView

- Pas de Trading Entièrement Automatisé : TradingView ne propose pas de fonctionnalités pour le trading entièrement automatisé basé sur les signaux de l'IA. Vous devez prendre vos propres décisions de trading en fonction des signaux générés.

- Transparence Limitée : TradingView ne divulgue pas toujours les détails spécifiques des algorithmes utilisés dans ses indicateurs alimentés par l'IA.

- Limitations du Backtesting : L'optimisation des stratégies par l'IA est une fonctionnalité limitée sur les plans payants de niveau supérieur.

Les fonctionnalités d'IA de TradingView peuvent être un ajout utile à votre boîte à outils d'analyse technique. Elles peuvent inspirer de nouvelles idées, aider à la reconnaissance de motifs et affiner vos stratégies. Cependant, rappelez-vous que ces fonctionnalités sont à des fins informatives et ne devraient pas constituer la seule base de vos décisions de trading.

Il est également recommandé d'explorer les différences entre les plans gratuits et payants : l'étendue des fonctionnalités d'IA dépend de votre abonnement TradingView.

Investing.com

Investing.com propose une fonctionnalité appelée **"Community Sentiments Outlook"**. Cependant, il est important de préciser que ce n'est pas exactement une **analyse de sentiment** par IA au sens traditionnel. Voici un aperçu :

Votes des Utilisateurs

La fonctionnalité de sentiment de la communauté sur Investing.com repose sur les votes des utilisateurs concernant leur perception haussière ou baissière sur divers instruments financiers, tels que les actions, les devises ou les matières premières. Chaque utilisateur peut exprimer son opinion, contribuant ainsi à une vue d'ensemble des tendances de marché perçues par la communauté.

Indicateur d'Opinion de Marché

Cette fonctionnalité fournit une indication générale du sentiment parmi les utilisateurs d'Investing.com pour un actif spécifique. Si un grand nombre d'utilisateurs expriment un sentiment haussier, cela peut indiquer une tendance positive dans la communauté pour cet actif, et inversement pour un sentiment baissier.

Aucune Analyse Algorithmique

Trading et IA

Contrairement à une véritable analyse de sentiment par IA, cette fonctionnalité n'utilise pas d'algorithmes sophistiqués pour analyser les articles de presse, les médias sociaux ou d'autres sources de données. Elle se base uniquement sur les votes des utilisateurs de la plateforme.

Portée Limitée

Le sentiment de la communauté reflète uniquement l'opinion des utilisateurs actifs sur Investing.com. Par conséquent, il peut ne pas représenter fidèlement le sentiment global du marché, car il exclut les points de vue des participants non-utilisateurs de la plateforme.

Autres Fonctionnalités Pertinentes sur Investing.com

Section Actualités et Analyses
Investing.com propose une section dédiée aux actualités financières et aux analyses, offrant un accès à des articles qui peuvent aider à comprendre les facteurs influençant le sentiment du marché. Cette section est utile pour obtenir un contexte plus large sur les tendances de marché actuelles.

Outils d'Analyse Technique
La plateforme fournit également divers outils d'analyse technique, permettant aux traders d'identifier des opportunités de trading. Ces outils incluent des graphiques et des indicateurs techniques, bien qu'ils ne soient pas directement liés à l'analyse de sentiment.

Investing.com propose également des recommandations fondées sur l'intelligence artificielle et basées sur un large historique de données.

Bien que le sentiment de la communauté sur Investing.com offre un aperçu des opinions des utilisateurs, il ne peut pas remplacer une analyse de sentiment par IA plus approfondie. Il est conseillé d'utiliser cette fonctionnalité en complément d'autres méthodes de recherche, comme l'analyse des actualités et l'analyse technique, pour obtenir une vue d'ensemble plus complète du marché.

Limites et Recherches Complémentaires

- Portée Limitée : S'appuyer uniquement sur les votes des utilisateurs peut ne pas donner une image complète du sentiment général du marché.

- Combiner avec d'autres Recherches : Utilisez cette fonctionnalité en complément de l'analyse des actualités et des outils d'analyse technique pour une compréhension plus complète du marché.

- Outils d'Analyse de Sentiment par IA : Explorez des plateformes offrant des outils d'analyse de sentiment par IA qui analysent une gamme plus large de sources de données pour une vue plus approfondie.

En intégrant ces différents outils et méthodes, vous pouvez améliorer votre capacité à prendre des décisions de trading éclairées et stratégiques.

Plateformes avec Analyse de Sentiment par IA Intégrée

- **Syntopia** : Cette plateforme se concentre sur l'analyse du sentiment des médias sociaux en utilisant l'IA pour évaluer le sentiment du marché à partir des conversations sur les réseaux sociaux. Elle peut aider à identifier les tendances potentielles et les changements de confiance des investisseurs.

- **Kensho** : Cette plateforme utilise l'IA pour analyser de vastes quantités de données financières, y compris les articles de presse, les médias sociaux et les dépôts réglementaires. Elle fournit une analyse de sentiment en plus d'autres informations pour aider à identifier les opportunités de trading.

- **Lexalytics** : Cette plateforme offre une suite d'outils d'analyse de texte alimentés par l'IA, y compris l'analyse de sentiment. Elle peut être intégrée aux plateformes de trading pour fournir une analyse de sentiment en temps réel des flux de nouvelles et des médias sociaux liés à des actifs spécifiques.

Plateformes de Trading avec Intégrations d'Analyse de Sentiment par IA

- **TradeStation** : Cette plateforme de trading offre ses propres outils d'analyse de sentiment et s'intègre à certaines plateformes tierces d'analyse de sentiment alimentées par l'IA pour une vue plus complète.

- **Interactive Brokers** : Ce courtier fournit l'accès à divers outils de recherche, y compris certains qui intègrent l'analyse de sentiment par IA de sources externes.

Considérations Lors du Choix d'une Plateforme

- Sources de Données Analysées : Comprenez quelles sources de données (actualités, médias sociaux, etc.) l'outil d'IA analyse pour le sentiment.

Trading et IA

- Options de Personnalisation : Vérifiez si la plateforme permet de personnaliser l'analyse de sentiment pour se concentrer sur des actifs ou des sources d'actualités spécifiques.

- Intégration avec les Outils de Trading : Si vous utilisez une plateforme de trading spécifique, vérifiez si l'outil d'analyse de sentiment par IA s'intègre à celle-ci pour un flux de travail fluide.

- Coût et Essais Gratuits : Ces plateformes ont souvent des structures tarifaires différentes. Cherchez des essais gratuits ou des démos pour tester leurs fonctionnalités avant de vous engager.

En comprenant les capacités et les limites de ces outils d'analyse de sentiment alimentés par l'IA, vous pouvez potentiellement améliorer vos recherches et prendre des décisions de trading plus éclairées.

Chapitre 5: Surmonter les défis liés à l'utilisation de l'IA dans le trading

Fuite de Données et Sécurité : Une Histoire Vraie

Un exemple notable de violation de la confidentialité et de la sécurité des données dans l'industrie du trading est l'incident du "Flash Crash" de 2010. Le 6 mai 2010, le marché boursier américain a connu une chute brutale et sévère des prix, suivie d'une reprise rapide, événement connu sous le nom de Flash Crash. Il a été révélé plus tard

Trading et IA

que cet incident avait été déclenché par une seule grande commande de vente sur le marché des futures, exécutée par un programme de trading algorithmique.

L'algorithme utilisé appartenait à un trader nommé Navinder Singh Sarao, opérant depuis son domicile au Royaume-Uni. L'algorithme de Sarao était conçu pour placer et annuler de grandes ordres de vente sur le marché des futures E-mini S&P 500, créant l'apparence d'une activité de marché sans réellement exécuter de transactions. Cette pratique, connue sous le nom de "spoofing", est illégale selon les lois américaines sur les valeurs mobilières.

Les actions de Sarao ont contribué à la volatilité extrême et aux mouvements rapides des prix qui ont conduit au Flash Crash. Suite à une enquête des autorités américaines, Sarao a été accusé de multiples chefs d'accusation de fraude et de manipulation du marché. En 2016, il a plaidé coupable aux accusations de spoofing et de fraude électronique et a été condamné à une peine de prison.

L'incident du Flash Crash a mis en lumière les risques associés au trading algorithmique et le potentiel de violations de la confidentialité et de la sécurité des données dans l'industrie du trading. Il a souligné l'importance de mettre en place des contrôles robustes de gestion des risques, des systèmes de surveillance et une supervision réglementaire pour prévenir la manipulation du marché et assurer l'intégrité des marchés financiers. Les traders et les institutions financières doivent rester vigilants pour protéger les données sensibles du marché et garantir le respect des exigences réglementaires afin de se protéger contre les violations de la confidentialité et de la sécurité des données dans l'industrie du trading.

Préoccupations en Matière de Confidentialité et de Sécurité des Données

Dans le monde du trading avec l'IA, l'une des questions les plus pressantes pour les traders non professionnels est celle de la confidentialité et de la sécurité des données. Alors que l'intelligence artificielle joue un rôle de plus en plus important dans les stratégies de trading, il est crucial que les traders comprennent les risques potentiels associés à l'utilisation de l'IA dans leurs activités quotidiennes de trading.

Une des principales préoccupations concerne la protection des informations personnelles et financières sensibles. En utilisant des algorithmes d'IA pour prendre des décisions de trading, les traders doivent s'assurer que leurs données sont traitées de manière sécurisée et responsable. Cela inclut le chiffrement des transmissions de données, la mise en œuvre de mesures d'authentification robustes et la mise à jour régulière des protocoles de sécurité pour se protéger contre les menaces potentielles de cybercriminalité.

Une autre considération clé pour les traders non professionnels est le potentiel de violations de données et d'accès non autorisé aux algorithmes de trading. Avec la sophistication croissante des cyberattaques, les traders doivent être vigilants pour protéger leurs stratégies de trading IA contre les acteurs malveillants qui pourraient exploiter les vulnérabilités de leurs systèmes. Cela peut impliquer la surveillance régulière des journaux système, la réalisation d'audits de sécurité et la mise en œuvre de l'authentification à plusieurs facteurs pour prévenir l'accès non autorisé.

En outre, les traders doivent également considérer les implications éthiques de l'utilisation de l'IA dans leurs activités de trading. À mesure que les algorithmes d'IA deviennent de plus en plus complexes et autonomes, il existe un risque qu'ils puissent prendre des décisions biaisées ou discriminatoires. Les traders doivent être conscients du potentiel de biais algorithmique et prendre des mesures pour atténuer ces risques en auditant régulièrement leurs systèmes d'IA et en veillant à ce que leurs stratégies de trading soient équitables et transparentes.

En conclusion, les préoccupations en matière de confidentialité et de sécurité des données sont primordiales pour les traders non professionnels souhaitant tirer parti de l'IA dans leurs stratégies de trading. En prenant des mesures proactives pour protéger leurs données, se prémunir contre les menaces potentielles de cybersécurité et atténuer les biais algorithmiques, les traders peuvent s'assurer qu'ils utilisent l'IA de manière responsable et éthique dans leurs activités quotidiennes de trading.

Gérer la Volatilité du Marché avec l'IA

Dans le monde du trading, la volatilité du marché peut être à la fois une bénédiction et une malédiction. Bien qu'elle offre des opportunités de gains significatifs, elle comporte également un niveau élevé de risque. Pour les traders non professionnels cherchant à naviguer dans cette incertitude, l'IA peut être un outil précieux.

Avantages de l'IA dans la Gestion de la Volatilité du Marché

L'un des principaux avantages de l'IA dans le trading est sa capacité à gérer facilement la volatilité du marché. Contrairement aux traders humains qui peuvent être influencés par les émotions ou prendre des décisions hâtives face aux fluctuations du marché, les systèmes d'IA peuvent analyser d'énormes quantités de données en temps réel et prendre des décisions informées basées sur les données.

Trading et IA

Les algorithmes d'IA peuvent s'adapter rapidement aux conditions changeantes du marché et ajuster les stratégies de trading en conséquence. Cela permet aux traders non professionnels de rester en avance et de tirer parti des opportunités qui peuvent se présenter pendant les périodes de volatilité. En utilisant l'IA, les traders peuvent profiter des fluctuations du marché et potentiellement augmenter leurs profits tout en minimisant leurs risques.

De plus, l'IA peut aider les traders à identifier des motifs et des tendances sur le marché qui ne sont pas immédiatement apparents à l'œil humain. En tirant parti des algorithmes d'apprentissage automatique, les traders peuvent obtenir des insights sur le comportement du marché et prendre des décisions plus éclairées quant au moment d'acheter ou de vendre.

Dans l'ensemble, intégrer l'IA dans votre stratégie de trading peut vous aider à naviguer plus efficacement dans la volatilité du marché et à améliorer vos performances de trading. En utilisant la puissance de l'IA, les traders non professionnels peuvent égaliser les chances et rivaliser plus efficacement dans les marchés rapides et imprévisibles d'aujourd'hui.

Équilibrer la Prise de Décision Humaine avec les Recommandations de l'IA

Dans le monde du trading, l'utilisation de l'intelligence artificielle (IA) est devenue de plus en plus populaire parmi les traders non professionnels cherchant à améliorer leurs stratégies de trading. Cependant, l'un des défis principaux auxquels les traders sont confrontés lorsqu'ils intègrent l'IA dans leur processus de décision est de trouver le bon équilibre entre le jugement humain et les recommandations de l'IA.

Bien que l'IA puisse fournir des insights précieux et des recommandations basées sur l'analyse des données et des algorithmes, il est important pour les traders de se rappeler que l'intuition et l'expérience humaine jouent également un rôle crucial dans la réussite des trades. C'est pourquoi trouver le bon équilibre entre la prise de décision humaine et les recommandations de l'IA est essentiel pour maximiser le succès du trading.

Une façon d'atteindre cet équilibre est d'utiliser l'IA comme un outil pour compléter votre propre analyse et processus de prise de décision. En utilisant l'IA pour identifier des motifs et des tendances sur le marché, les traders peuvent obtenir des insights précieux qui peuvent ne pas être immédiatement apparents à l'œil humain. Cependant, il est important de se rappeler que l'IA n'est pas infaillible et doit être utilisée comme un guide plutôt que comme une réponse définitive.

Un autre aspect important de l'équilibrage de la prise de décision humaine avec les recommandations de l'IA est de surveiller et d'évaluer en continu la performance de votre stratégie de trading. En

Trading et IA

gardant un œil attentif sur la performance de vos trades et en ajustant votre approche au besoin, vous pouvez vous assurer que vous prenez des décisions éclairées basées sur une combinaison d'insights de l'IA et de jugement humain.

En fin de compte, trouver le bon équilibre entre la prise de décision humaine et les recommandations de l'IA est un facteur clé pour réussir en tant que trader non professionnel. En tirant parti des forces de l'IA et de l'intuition humaine, les traders peuvent prendre des décisions plus éclairées et améliorer leur stratégie de trading globale.

Chapter 6 : Utiliser l'IA pour négocier des produits financiers spécifiques

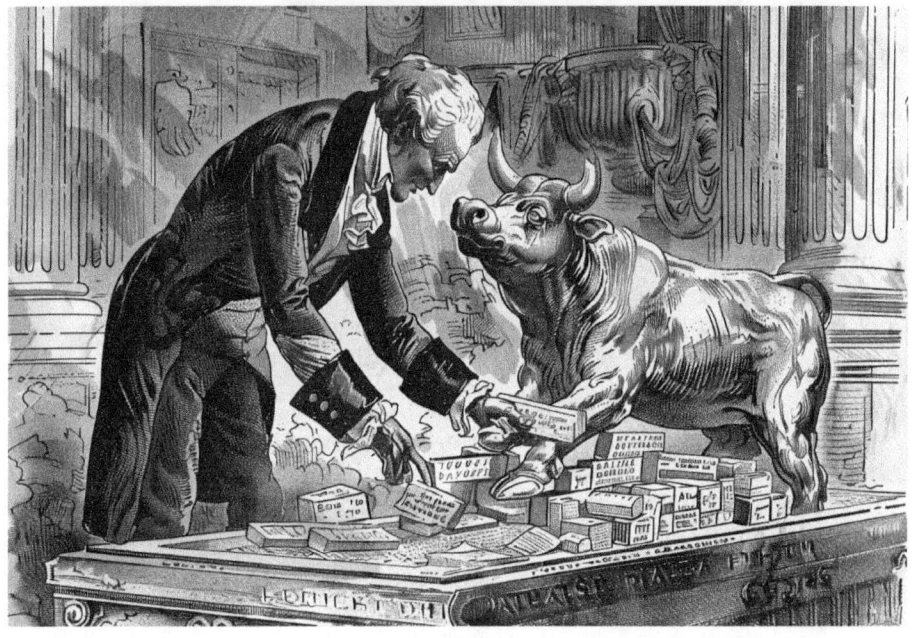

Ce chapitre explore le potentiel transformateur de l'intelligence artificielle dans le trading de divers produits financiers. En comprenant les caractéristiques uniques de chaque produit, les traders peuvent utiliser les bons outils d'IA pour améliorer leurs stratégies de trading, minimiser les risques et maximiser les rendements.

1. Le trading de futures avec l'IA

Qu'est-ce que les futures ?

Les futures sont des contrats standardisés qui obligent l'acheteur à acheter et le vendeur à vendre une quantité spécifiée d'un actif à un prix prédéterminé à une date future spécifiée. Ces contrats sont négociés dans diverses classes d'actifs, y compris les matières premières, les devises et les instruments financiers.

Contrairement aux options, qui donnent au détenteur le droit mais non l'obligation d'acheter ou de vendre l'actif, les contrats à terme imposent des obligations strictes aux deux parties impliquées.

Les futures sont couramment utilisés pour couvrir les risques ou spéculer sur les mouvements de prix de l'actif sous-jacent. Par exemple, un agriculteur peut utiliser des contrats à terme pour verrouiller un prix pour sa récolte des mois avant qu'elle ne soit récoltée. Inversement, un trader peut spéculer sur le prix futur du pétrole ou d'une devise, espérant tirer profit des mouvements de prix.

En utilisant des contrats à terme, les couverts et les spéculateurs peuvent gérer leur exposition à la volatilité des prix des actifs sous-jacents, offrant une certaine prévisibilité et sécurité financière dans leurs activités commerciales ou leurs portefeuilles d'investissement.

Stratégies d'IA pour le trading de futures

L'IA peut considérablement améliorer le trading de futures grâce à l'analyse prédictive et aux systèmes de trading automatisés. Ces outils peuvent analyser les tendances du marché et exécuter des transactions basées sur des algorithmes optimisés.

Trading et IA

En ce qui concerne la **prédiction des tendances et la reconnaissance des motifs,** les modèles d'IA, en particulier ceux impliquant l'apprentissage automatique, peuvent analyser de vastes quantités de données historiques et en temps réel pour identifier des motifs sous-jacents et prédire les tendances futures du marché. Cela peut être particulièrement utile dans les marchés à terme où les mouvements de prix sont influencés par divers facteurs tels que les indicateurs économiques, les événements géopolitiques et le sentiment du marché.
Exemple : Un système d'IA peut analyser des décennies de données sur les contrats à terme sur le pétrole, y compris les réactions aux événements géopolitiques, les changements de l'offre et les fluctuations de la demande, pour prédire comment les prix pourraient réagir à des événements futurs similaires. En s'entraînant sur des données historiques, le modèle d'IA peut prévoir les mouvements de prix avec un degré de précision plus élevé, permettant aux traders de prendre des décisions éclairées sur les points d'entrée et de sortie.

Concernant les **systèmes de trading automatisés**, ils peuvent exécuter des transactions basées sur des critères définis par le trader, en utilisant des algorithmes capables de s'adapter aux conditions changeantes du marché sans intervention humaine. Ces systèmes peuvent traiter les données à une vitesse et une précision impossibles pour les traders humains, ce qui les rend particulièrement utiles sur le marché des futures, hautement volatile.
Exemple : Un trader utilise un système de trading piloté par l'IA sur le Chicago Mercantile Exchange pour trader des contrats à terme sur le S&P 500. Le système d'IA est programmé pour exécuter des transactions basées sur des indicateurs de marché spécifiques tels que les moyennes mobiles et les indices de volatilité. Lorsque l'IA détecte un motif qui précède historiquement une augmentation de prix, elle achète automatiquement des contrats à terme, et inversement, elle vend des contrats à terme en prévoyant une baisse de prix.

En ce qui concerne **la gestion et la mitigation des risques**, l'IA peut considérablement améliorer la gestion des risques dans le trading de futures en prévoyant les baisses potentielles de prix et en conseillant sur l'exposition aux risques. Les modèles d'IA avancés peuvent simuler divers scénarios de marché et prédire les résultats en fonction de la volatilité historique, des cycles de marché et des facteurs économiques externes.

Exemple : Un modèle d'IA peut analyser l'impact des changements de taux d'intérêt sur les futures de matières premières. Si le modèle prédit un risque élevé de baisse des prix en raison d'une hausse imminente des taux, il peut automatiquement ajuster le portefeuille du trader pour réduire l'exposition aux matières premières concernées, réduisant ainsi les pertes potentielles.

Concernant **l'analyse du sentiment**, l'IA peut analyser de vastes quantités d'articles de presse, de publications sur les réseaux sociaux et de rapports financiers pour évaluer le sentiment du marché. Cela peut être particulièrement utile pour le trading de futures, où le sentiment du marché peut influencer considérablement les prix.

Exemple : Avant une réunion de l'OPEP, un système d'IA analyse des milliers d'articles de presse et de publications sur les réseaux sociaux pour évaluer le sentiment du marché concernant les potentielles réductions de l'offre de pétrole. Si le sentiment indique fortement une réduction substantielle, l'IA pourrait suggérer d'acheter des futures sur le pétrole avant la réunion, anticipant une hausse des prix du pétrole.

En ce qui concerne les **stratégies de backtesting**, l'IA peut automatiser le backtesting des stratégies de trading sur des données historiques, fournissant des informations sur leur efficacité et leur résilience dans différentes conditions de marché. Cela permet aux traders de peaufiner leurs stratégies avant de les appliquer en trading réel.

Exemple : Un trader développe une nouvelle stratégie de trading pour les futures sur l'or et utilise l'IA pour tester cette stratégie sur des données historiques des 20 dernières années. L'IA évalue la performance de la stratégie dans diverses conditions de marché, y compris les récessions et les booms, et fournit des commentaires sur sa viabilité et ses facteurs de risque potentiels.

Meilleurs outils d'IA pour les futures

QuantConnect : Comme nous l'avons vu, QuantConnect permet aux traders de tester et de trader en direct leurs stratégies de futures en utilisant des données historiques.

Success Story : Un groupe de traders algorithmiques a utilisé QuantConnect pour développer une stratégie diversifiée sur les futures de matières premières qui a largement surpassé le benchmark sur une période de deux ans. La stratégie utilisait des signaux de suivi de tendance combinés à des configurations de réversion à la moyenne pour capturer des anomalies à court terme sur le marché.

TradeStation est réputé pour ses capacités avancées de trading et son traitement des données en temps réel, essentiels pour les mouvements rapides des marchés de futures.

Success Story : Un trader a automatisé une stratégie de scalping sur TradeStation, tirant parti des petits écarts de prix sur les futures du S&P 500, améliorant considérablement l'exécution des transactions et les marges bénéficiaires.

2. Trading des Warrants et Turbos avec l'IA

Que sont les Warrants et les Turbos?

Les warrants et les turbos sont des instruments dérivés permettant aux traders de spéculer sur les mouvements de prix d'un actif sous-jacent avec **effet de levier**. Les turbos, en particulier, offrent un effet de levier élevé avec une fonctionnalité de stop-loss intégrée.

Stratégies d'IA pour les Warrants et Turbos

L'utilisation de l'IA pour l'analyse de sentiment et l'évaluation des risques peut donner aux traders un avantage significatif avec ces instruments très volatils. En identifiant des tendances claires dans les mouvements des actions, les outils d'IA peuvent aider à maximiser les gains potentiels.

J'apprécie particulièrement l'utilisation des **calls ou puts** sur les **warrants** comme partie de ma stratégie de trading, surtout lorsque les outils d'IA aident à identifier des tendances claires dans les mouvements des actions. Les warrants peuvent amplifier considérablement les gains potentiels lorsqu'une tendance fiable est détectée, en faisant une option excitante pour les traders.

Lors de l'utilisation de l'IA pour identifier les tendances, il est crucial de choisir judicieusement les warrants pour maximiser les avantages tout en gérant efficacement les risques. Je recommande toujours de **sélectionner des warrants avec des dates d'expiration supérieures à trois mois**. Ce délai supplémentaire offre un coussin, permettant une récupération et un ajustement si la prédiction initiale de tendance ne se réalise pas immédiatement.

De plus, je me concentre sur **les warrants avec un delta entre 25% et 80%**. Cette gamme offre généralement un bon équilibre entre risque et rendement potentiel, assurant que les warrants sont suffisamment réactifs aux mouvements de prix de l'actif sous-jacent sans être trop sensibles aux fluctuations mineures de prix.

En suivant ces lignes directrices et en utilisant l'IA pour assister à l'analyse des tendances, les traders peuvent se positionner stratégiquement pour capitaliser sur les mouvements du marché tout en s'offrant une marge d'erreur supplémentaire en cas de comportement imprévisible du marché. Cette approche permet de tirer parti des rendements potentiellement élevés des warrants avec un risque plus calculé, s'adaptant au fil du temps aux conditions du marché.

Meilleurs Outils d'IA pour les Warrants et Turbos

Sentdex :
Sentdex analyse le sentiment financier à partir de diverses sources médiatiques pour évaluer l'humeur du marché, particulièrement utile pour le trading de warrants et turbos.

Success Story : Une société d'investissement a utilisé Sentdex pour détecter une hausse de sentiment positif sur les actions technologiques, synchronisant leurs achats de warrants avant des augmentations de prix significatives.

Riskalyze :
Riskalyze évalue le risque d'investissement en fonction de la

tolérance au risque du trader, crucial pour gérer les risques inhérents aux turbos.

Success Story : En utilisant Riskalyze, un investisseur particulier a identifié une surexposition à la volatilité dans son portefeuille, permettant des ajustements opportuns qui ont atténué des pertes potentielles significatives lors d'un retournement de marché.

Ces outils d'IA offrent des capacités précieuses pour améliorer les stratégies de trading des warrants et turbos, permettant aux traders de prendre des décisions plus informées et de gérer les risques de manière plus efficace.

3. Trading des ETFs avec l'IA

Qu'est-ce que les ETFs?

Les Exchange-Traded Funds (ETFs) sont des fonds d'investissement négociés en bourse, similaires aux actions. Ils détiennent des actifs tels que des actions, des matières premières ou des obligations et suivent généralement un indice.

Stratégies d'IA pour le Trading des ETFs

Les outils d'optimisation de portefeuille et d'analyse des tendances basés sur l'IA peuvent aider les traders à gérer les investissements en ETFs plus efficacement, en ajustant les positions pour maximiser les rendements et réduire les risques.

Meilleurs Outils d'IA pour les ETFs

Betterment utilise l'IA pour gérer les investissements en ETFs, optimisant l'allocation d'actifs en fonction des objectifs individuels et des conditions du marché.

<u>Success Story</u> : Le portefeuille d'ETFs d'un retraité géré par Betterment a navigué plus efficacement la volatilité du crash du marché COVID-19 que les stratégies d'investissement traditionnelles, préservant le capital et capturant les gains de récupération.

Wealthfront offre une planification financière automatisée et une gestion des investissements, idéal pour gérer dynamiquement les portefeuilles d'ETFs.

<u>Success Story</u> : Un jeune professionnel a utilisé Wealthfront pour construire un portefeuille diversifié d'ETFs qui a surperformé les indices de référence standard grâce à des allocations stratégiques internationales et sectorielles.

Lectures Recommandées pour les Enthousiastes des ETFs

Si vous souhaitez explorer le monde des Exchange-Traded Funds (ETFs) et approfondir vos connaissances, je recommande vivement la lecture des œuvres d'Édouard Petit. Ses livres offrent des insights complets sur les mécanismes, les stratégies et les avantages d'investir dans les ETFs. Les explications claires et les conseils d'expert d'Édouard Petit font de ses livres une ressource inestimable pour les investisseurs novices et les traders expérimentés cherchant à améliorer leurs portefeuilles d'ETFs.

Plongez dans ses écrits pour élargir vos connaissances et affiner vos stratégies d'investissement dans le monde dynamique des ETFs.

Bien que les livres d'Édouard Petit, "Tout savoir sur les ETF et les fonds indiciels" et "Epargnant 3.0", soient d'excellentes ressources pour comprendre les ETFs et les stratégies d'investissement modernes, il est important de noter qu'ils n'abordent pas spécifiquement l'intelligence artificielle (IA) dans le trading ou la gestion d'investissements.

Le travail d'Édouard Petit se concentre principalement sur les fondamentaux des ETFs, leur utilisation stratégique dans la finance personnelle et comment les investisseurs individuels peuvent utiliser ces outils pour optimiser leurs portefeuilles.

4. Trading du Forex avec l'IA

Note de Prudence sur le Trading Forex et les Outils d'IA

Lorsqu'on discute de l'application de l'IA dans diverses plateformes de trading, il est important d'aborder spécifiquement le marché du Forex. Je tiens à souligner que je ne suis pas un adepte du trading Forex pour plusieurs raisons, principalement en raison des risques importants qu'il pose aux investisseurs particuliers.

Le trading Forex comporte des risques et une complexité considérables, surtout parce qu'il encourage souvent l'utilisation d'un effet de levier élevé. Cet effet de levier peut amplifier les gains, mais plus fréquemment, il exacerbe les pertes, en particulier sur des marchés volatils. Le marché Forex fonctionne 24 heures sur 24 et est influencé par une multitude de facteurs difficiles à suivre et à prédire, même avec des outils avancés.

De nombreuses plateformes et outils vantent le potentiel de rendements élevés dans le trading Forex grâce à des stratégies pilotées par l'IA. Cependant, les traders doivent aborder ces affirmations avec prudence. Il est important de noter qu'une grande

Trading et IA

partie des plateformes Forex basées sur l'IA pourraient ne pas nécessairement être alignées avec les intérêts des utilisateurs. Certaines de ces plateformes manquent de transparence dans leurs opérations et peuvent avoir des motivations sous-jacentes centrées sur les frais de transaction des utilisateurs ou, pire encore, être de véritables escroqueries.

Statistiquement, le taux de réussite des traders Forex particuliers est faible. Divers rapports et études suggèrent que plus de 70 % des traders Forex perdent de l'argent, une grande partie de ces pertes étant attribuée à une mauvaise utilisation de l'effet de levier. Ces statistiques soulignent les défis exceptionnels pour atteindre une rentabilité constante dans le trading Forex.

Recommandations pour les Traders

Pour ceux qui envisagent le Forex ou toute plateforme prétendant utiliser l'IA pour améliorer le trading Forex :

- Faire ses Recherches : Recherchez toujours de manière approfondie toute plateforme ou outil. Cherchez des avis, la conformité réglementaire et la transparence des opérations.

- Soyez Méfiant des Promesses : Soyez sceptique face aux affirmations promettant des rendements garantis ou des risques minimes. Le trading implique toujours des risques, particulièrement dans le Forex.

- Éduquez-vous : Comprenez les dynamiques du marché et les outils que vous prévoyez d'utiliser. Plus vous êtes informé, mieux vous serez équipé pour prendre des décisions de trading sûres.

- Utilisez des Comptes Démo : Avant de vous engager avec de l'argent réel, pratiquez avec des comptes démo offerts par des plateformes réputées pour comprendre les risques et la réalité du trading Forex sans exposition financière.

Bien que l'IA puisse offrir des avantages significatifs en matière de traitement des données et de prise de décision dans le trading, son application dans le Forex nécessite une considération attentive en raison des risques inhérents et de la prévalence de plateformes trompeuses.

Si vous décidez de vous lancer dans le trading Forex, procédez avec prudence, priorisez l'apprentissage et assurez toujours votre sécurité financière.

Trading et IA

Qu'est-ce que le Forex?

Le marché des changes (Forex) est le plus grand et le plus liquide marché financier au monde, où les devises sont échangées 24 heures sur 24. Il implique des niveaux élevés de liquidité et des mouvements de prix rapides.

Stratégies d'IA pour le Trading Forex

Le trading Forex peut bénéficier immensément de l'IA grâce à l'analyse prédictive et aux algorithmes de trading automatisés, capables d'analyser plusieurs paires de devises et d'exécuter des transactions en fonction d'indicateurs de marché complexes.

Trading et IA

Meilleurs Outils d'IA pour le Forex

MetaTrader 4 et 5 : Supportent le trading automatisé avec des Expert Advisors (EAs), permettant aux traders de mettre en œuvre des stratégies de trading sophistiquées sur le marché Forex.

Success Story : Un trader Forex a développé un EA pour MetaTrader 4 qui effectuait des transactions basées sur les points pivots quotidiens et les niveaux de retracement de Fibonacci. Cet EA a constamment surperformé les efforts de trading manuel, conduisant à une augmentation de 20 % des profits annuels.

OANDA : Fournit des outils de trading Forex puissants avec des graphiques avancés et des analyses IA, parfaits pour élaborer des stratégies de trading précises.

Success Story : En utilisant la plateforme pilotée par l'IA d'OANDA, une société de trading a développé un modèle prédisant les mouvements de devises à court terme basés sur des événements géopolitiques et des indicateurs économiques. Les prédictions précises du modèle ont entraîné une amélioration de 30 % de l'efficacité du trading.

Conclusion

L'IA a le potentiel de révolutionner le trading de différents produits financiers en fournissant des outils puissants pour l'analyse, la prédiction et la gestion des risques. Les traders sont encouragés à explorer ces applications de l'IA pour améliorer leurs processus de décision, s'adapter rapidement aux changements du marché et réussir durablement dans leurs efforts de trading.

Chapitre 7: L'IA et les Réseaux Sociaux dans l'Analyse des Tendances Boursières

Introduction

Les plateformes de médias sociaux telles que **TikTok** et **Instagram** ont transformé le paysage du trading boursier en démocratisant l'accès à l'information et en influençant les décisions d'investissement. Ces plateformes, où des millions de traders amateurs partagent des conseils et des tendances, sont devenues des outils puissants pour anticiper les mouvements du marché. L'intelligence artificielle (IA) peut jouer un rôle crucial en analysant ces vastes flux de données pour identifier les tendances du marché et les opportunités d'investissement.

Les Réseaux Sociaux : Un Nouveau Terrain pour les Investissements

Les réseaux sociaux permettent aux influenceurs financiers de partager leurs analyses et prévisions avec un large public. Le contenu viral peut influencer de manière significative les décisions de nombreux traders. Par exemple, les discussions sur les **forums Reddit** ont contribué à la montée spectaculaire de l'action **GameStop**.

Actions Actuellement[3] les Plus Discutées

- **Tesla** : La popularité de Tesla sur les réseaux sociaux est alimentée par l'innovation constante et la personnalité charismatique d'Elon Musk. En janvier 2023, l'action Tesla était à 108,10 $ et a atteint 164,90 $ en avril 2023, marquant une hausse de 52 %.

- **Apple** : Apple a suscité un intérêt significatif avec 33 millions de vues sur TikTok et 19 000 publications sur Instagram. Son action est alors passée de 124,22 $ à 169,58 $[4], soit une augmentation de 36 % sur la même période.

---

[3] En 2023- 2024
[4] Apple est passée de 124,22 $ à 169,58 $ entre le 3 janvier 2023 et le 4 avril 2023

Trading et IA

- **Amazon** : Très prisée sur les réseaux sociaux, l'action Amazon a bondi de 115 % en un peu plus d'un an[5], avec des hashtags vus 13 millions de fois sur TikTok.

- **Walmart** : Avec 8,9 millions de vues sur TikTok, Walmart se classe quatrième parmi les actions les plus discutées.

- **Meta** : Connue pour ses multiples applications et le lancement de Threads, l'action Meta a grimpé de 124,61 $ en janvier 2023 à 527,34 $ en avril 2024, soit une augmentation de 323 %.

- **Nvidia** : Le spécialiste des processeurs graphiques a connu une croissance significative grâce à l'engouement autour de l'IA, devenant l'une des actions les plus négociées à la Bourse de New York.

Comment l'IA Peut Observer les Réseaux Sociaux

L'IA peut analyser les discussions sur les réseaux sociaux de plusieurs manières :

- Collecte de Données en Temps Réel : Les algorithmes d'IA peuvent surveiller en continu des milliers de publications, commentaires et vidéos, capturant des données sur les actions mentionnées, les sentiments des utilisateurs et les tendances émergentes.

- Analyse de Sentiment : En utilisant des techniques de traitement du langage naturel (NLP), l'IA peut déterminer si les discussions autour d'une action sont positives ou

---

[5] De Mai 2023 à Mai 2024

négatives, fournissant des indicateurs précieux des mouvements potentiels du marché.

- Identification des Tendances : En combinant les données de sentiment avec le volume de mentions et la vitesse de diffusion, l'IA peut identifier des tendances émergentes avant qu'elles ne deviennent apparentes pour le marché plus large.

- Prédiction des Mouvements de Marché : Les modèles d'apprentissage automatique peuvent corréler les discussions sur les réseaux sociaux avec les mouvements historiques du marché pour prédire les tendances futures.

Études de Cas et Exemples

- **Tesla** : Les discussions fréquentes sur les innovations et les annonces d'Elon Musk peuvent être analysées pour détecter des tendances de sentiment, influençant les décisions d'achat ou de vente.
- **Dogecoin** : Les mentions soudaines et positives sur les réseaux sociaux ont souvent précédé des hausses de prix, une tendance que l'IA peut identifier et exploiter.
- **Amazon** : Analyser les discussions sur les réseaux sociaux autour des périodes de forte demande, comme les Prime Days, peut fournir des insights sur les variations de prix à court terme.

Avantages et Limitations

Avantages :

- Réactivité : L'analyse des données en temps réel permet de réagir rapidement aux changements du marché.

Trading et IA

- Précision : Fournit des insights plus précis en traitant de vastes quantités de données.

- Automatisation : L'IA peut automatiser la surveillance des tendances, permettant aux traders de se concentrer sur l'exécution des stratégies.

Limitations :

- Qualité des Données : Les données des réseaux sociaux peuvent contenir des informations erronées ou trompeuses.
- Manipulation du Marché : Les discussions peuvent être influencées par des acteurs cherchant à manipuler le marché, biaisant les analyses de l'IA.
- Réactions en Chaîne : Une dépendance excessive à l'IA et aux données des réseaux sociaux peut provoquer des réactions en chaîne qui amplifient la volatilité.

Conclusion

Intégrer l'IA dans l'analyse des discussions sur les réseaux sociaux offre une nouvelle dimension aux traders cherchant à identifier les tendances du marché. En surveillant et en analysant les conversations sur TikTok et Instagram en temps réel, l'IA peut fournir des insights précieux qui, utilisés judicieusement, peuvent offrir un avantage concurrentiel significatif. Cependant, il est crucial de combiner ces analyses avec d'autres sources de données et de rester vigilant face aux tentatives de manipulation du marché.

Trading et IA

Chapitre 8: L'Avenir de l'IA dans le Trading

Comme dirait **Martin Luther King** :

« J'ai un rêve qu'un jour, dans le monde du trading et de la finance, l'IA ne sera pas utilisée uniquement comme un outil de profit, mais comme une force pour l'égalité, l'autonomisation et le bien social. Je rêve d'un avenir où l'IA dans le trading égalisera les chances pour tous les traders, indépendamment de leurs origines ou de leurs ressources, et créera des opportunités pour chacun de réussir.

Trading et IA

J'ai un rêve qu'un jour, les algorithmes d'IA n'analyseront pas seulement les données de marché et ne prédiront pas les tendances, mais promouvront également la transparence, l'équité et les pratiques éthiques dans les marchés financiers. Je rêve d'un avenir où l'IA aidera à prévenir la manipulation du marché, le délit d'initié et d'autres comportements non éthiques, garantissant un environnement de trading plus juste et équitable pour tous.

J'ai un rêve qu'un jour, l'IA dans le trading permettra aux individus et aux communautés de prendre des décisions éclairées, de gérer efficacement les risques et d'atteindre l'indépendance financière. Je rêve d'un avenir où les outils d'IA fourniront des ressources éducatives, des programmes de formation et des réseaux de soutien pour aider les traders de tous horizons à prospérer dans le monde de la finance.

J'ai un rêve qu'un jour, l'IA sera utilisée non seulement pour maximiser les profits, mais pour avoir un impact social positif et créer un système financier plus durable et inclusif. Je rêve d'un avenir où l'IA dans le trading sera une force pour le bien, promouvant l'investissement responsable, soutenant les objectifs de développement durable et favorisant l'autonomisation économique pour tous.

Avec ce rêve dans nos cœurs et une vision d'un avenir plus brillant devant nous, travaillons ensemble pour exploiter le pouvoir de l'IA dans le trading pour le bien commun, pour construire un monde plus juste, équitable et prospère pour tous. »

Comme l'a dit Martin Luther King, « Le moment est toujours bien choisi pour faire ce qui est juste. » Efforçons-nous de bâtir un avenir où l'IA dans le trading incarne ces principes et ouvre la voie à un paysage financier plus inclusif et équitable.

Tendances de la Technologie de l'IA dans le Trading

Si nous revenons aux dernières années, l'utilisation de la technologie de l'intelligence artificielle (IA) dans le trading est devenue de plus en plus courante, révolutionnant la manière dont les traders non professionnels abordent les marchés financiers. Cette sous-section explorera les dernières tendances de la technologie de l'IA dans le trading et comment les traders peuvent tirer parti de ces avancées pour améliorer leurs stratégies de trading.

L'une des tendances les plus significatives de la technologie de l'IA dans le trading est la montée des algorithmes d'apprentissage automatique. Ces algorithmes peuvent analyser d'énormes quantités de données et identifier des motifs qui ne sont pas apparents pour les traders humains. En utilisant des modèles d'apprentissage automatique, les traders non professionnels peuvent prendre des décisions de trading plus informées et potentiellement augmenter leur rentabilité.

Une autre tendance dans la technologie de l'IA pour le trading est l'intégration des outils de traitement du langage naturel (NLP). Ces outils peuvent analyser des articles de presse, des posts sur les réseaux sociaux et d'autres sources d'information pour aider les traders à mieux comprendre le sentiment du marché et à prendre des décisions plus éclairées. En utilisant la technologie NLP, les traders non professionnels peuvent anticiper les tendances du marché et faire des prévisions plus précises sur les mouvements de prix futurs.

En outre, l'utilisation de robots de trading pilotés par l'IA devient de plus en plus populaire parmi les traders non professionnels. Ces robots peuvent exécuter des transactions au nom des traders en fonction de critères et d'algorithmes prédéfinis. En utilisant des robots de trading, les traders non professionnels peuvent automatiser leurs stratégies de trading et tirer parti des opportunités du marché 24h/24 et 7j/7.

Dans l'ensemble, les tendances de la technologie de l'IA pour le trading évoluent rapidement, fournissant aux traders non professionnels de nouveaux outils et ressources pour améliorer leurs stratégies de trading. En restant informés des dernières avancées de la technologie de l'IA pour le trading, les traders peuvent rester en avance sur la courbe et maximiser leur potentiel de succès sur les marchés financiers.

Considérations Éthiques de l'IA dans le Trading

Dans le monde du trading, l'utilisation de l'intelligence artificielle (IA) est devenue de plus en plus populaire parmi les traders professionnels et non professionnels. Cependant, cette technologie puissante s'accompagne de considérations éthiques qui doivent être prises en compte.

L'une des principales considérations éthiques de l'IA dans le trading est le potentiel de biais dans les algorithmes utilisés. Les systèmes d'IA sont aussi bons que les données sur lesquelles ils sont entraînés, et si ces données sont biaisées de quelque manière que ce soit, cela peut conduire à des résultats injustes. Les traders non professionnels doivent être conscients de ce risque et prendre des mesures pour s'assurer que les systèmes d'IA qu'ils utilisent sont aussi impartiaux que possible.

Une autre considération éthique est le potentiel de l'IA à être utilisée pour manipuler le marché. À mesure que les systèmes d'IA deviennent plus sophistiqués, il existe un risque que des traders peu scrupuleux les utilisent pour manipuler les marchés à leur propre avantage. Les traders non professionnels doivent être vigilants pour s'assurer que leurs systèmes d'IA sont utilisés de manière éthique et en conformité avec les réglementations du marché.

De plus, il y a la considération éthique de la transparence dans les systèmes de trading IA. Les traders non professionnels doivent être capables de comprendre comment leurs systèmes d'IA prennent des décisions et être capables d'expliquer ces décisions à d'autres. Cette transparence est essentielle pour établir la confiance dans les systèmes d'IA et s'assurer qu'ils sont utilisés de manière responsable.

Dans l'ensemble, les traders non professionnels doivent être conscients des considérations éthiques de l'IA dans le trading et prendre des mesures pour s'assurer qu'ils utilisent cette technologie de manière responsable et éthique. En étant conscients des biais potentiels, en évitant la manipulation du marché et en promouvant la transparence, les traders peuvent exploiter la puissance de l'IA dans leurs stratégies de trading tout en respectant les normes éthiques.

Opportunités pour les Traders Non-Professionnels dans l'Espace de Trading IA

En tant que trader non-professionnel, vous pouvez vous sentir submergé par la complexité des marchés financiers et la rapidité du trading. Cependant, avec l'essor de la technologie de l'intelligence artificielle (IA), il y a maintenant plus d'opportunités que jamais pour les traders comme vous de réussir sur le marché.

L'une des principales opportunités pour les traders non-professionnels dans l'espace de trading IA est l'accès à des algorithmes de trading sophistiqués et à des outils d'analyse de données qui étaient autrefois réservés aux grandes institutions financières. Ces outils alimentés par l'IA peuvent vous aider à prendre des décisions de trading plus éclairées en analysant de vastes

Trading et IA

quantités de données de marché en temps réel et en identifiant des opportunités de trading rentables.

De plus, les systèmes de trading IA peuvent vous aider à automatiser vos stratégies de trading, vous permettant d'exécuter des transactions plus efficacement et de manière plus effective. Cela peut vous aider à profiter des opportunités de marché dès qu'elles se présentent, sans avoir à surveiller constamment les marchés vous-même.

Une autre opportunité pour les traders non-professionnels dans l'espace de trading IA est la possibilité de tirer parti des algorithmes d'apprentissage automatique pour améliorer leurs performances de trading au fil du temps. En analysant vos données de trading et en identifiant des motifs et des tendances, les systèmes d'IA peuvent vous aider à affiner vos stratégies de trading et à prendre de meilleures décisions à l'avenir.

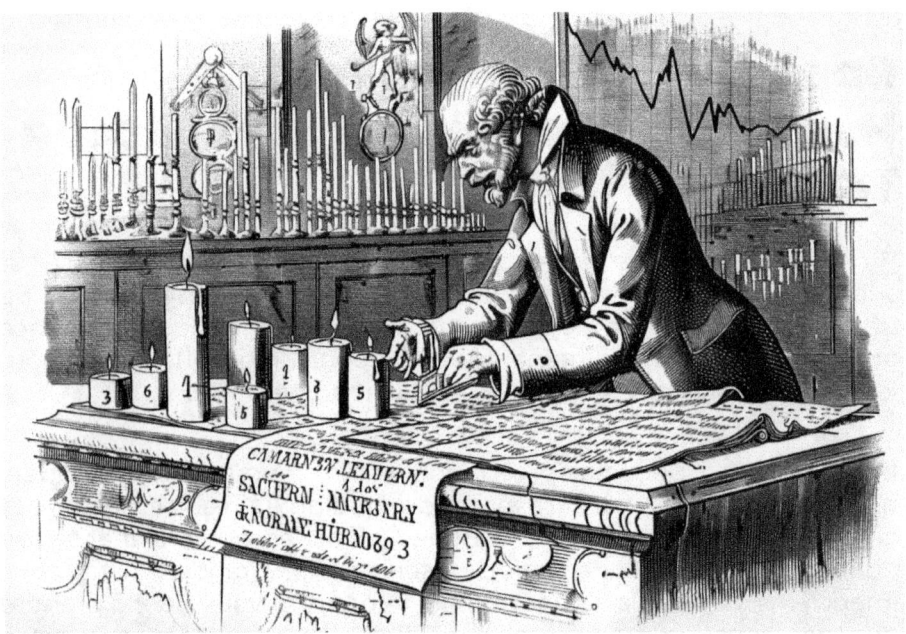

Dans l'ensemble, les opportunités pour les traders non-professionnels dans l'espace de trading IA sont vastes et peuvent contribuer à égaliser les chances entre les traders individuels et les investisseurs institutionnels. En utilisant la technologie de l'IA dans votre stratégie de trading, vous pouvez augmenter vos chances de succès sur le marché et atteindre vos objectifs financiers.

Clubs de Trading Utilisant des Signaux d'IA

Il existe des communautés et des clubs de traders qui utilisent des signaux et des algorithmes d'IA pour informer leurs décisions de trading. Ces groupes se réunissent souvent en ligne ou en personne pour échanger des idées, partager des stratégies et collaborer sur l'utilisation des technologies d'IA pour améliorer leurs performances de trading. Voici quelques exemples de ces communautés :

- **Groupes de Trading Quantitatif** : Ce sont des communautés de traders et d'investisseurs utilisant des méthodes quantitatives, y compris les algorithmes d'IA et d'apprentissage automatique, pour analyser les données de marché et développer des stratégies de trading. Ces groupes partagent souvent des recherches, des outils et des insights liés au trading algorithmique et à l'analyse quantitative.

- **Sociétés de Trading Algorithmique** : Ce sont des organisations qui rassemblent des traders et des professionnels intéressés par le trading algorithmique et l'investissement automatisé. Elles organisent des événements, des ateliers et des opportunités de réseautage pour que les membres puissent apprendre les derniers développements des technologies de trading IA.

- **Forums de Trading en Ligne** : Il existe des forums de trading en ligne où les traders discutent des signaux d'IA, des algorithmes de trading et des stratégies de trading automatisé. Des plateformes comme Reddit, TradingView et le forum communautaire de QuantConnect sont des espaces populaires où les traders partagent des signaux d'IA et collaborent sur des idées de trading.

- **Plateformes de Trading IA** : Certaines plateformes de trading IA offrent des fonctionnalités communautaires permettant aux traders de se connecter avec d'autres utilisateurs, de partager des signaux d'IA et de collaborer sur des stratégies de trading. Ces plateformes offrent un environnement de trading social où les traders peuvent suivre et copier les transactions des stratégies pilotées par l'IA.

Quelques autres exemples

The Quant Club

Le Quant Club est un groupe dédié aux traders quantitatifs et aux passionnés de finance computationnelle. Ce club organise des événements, des séminaires et des sessions de partage de connaissances pour aider ses membres à améliorer leurs compétences en trading quantitatif.

Les Groupes de Trading Reddit

Des groupes comme r/quantfinance et r/algotrading sur Reddit sont également des communautés actives où les traders partagent leurs stratégies, discutent des algorithmes d'IA et échangent des conseils sur le trading algorithmique.

Trading et IA

Renaissance Technologies

Renaissance Technologies est l'une des sociétés de trading algorithmique les plus célèbres, fondée par James Simons. Leur fonds phare, Medallion Fund, utilise des modèles mathématiques complexes et des algorithmes pour analyser et trader sur les marchés financiers, et a généré des rendements exceptionnels au fil des ans.

Two Sigma

Two Sigma est une société de gestion de fonds basée sur la technologie qui utilise des techniques d'apprentissage automatique, des analyses de données et des algorithmes pour développer des stratégies de trading. Elle gère des milliards de dollars d'actifs et se distingue par son approche scientifique du trading.

DE Shaw

DE Shaw est une société de gestion de fonds d'investissement qui combine l'expertise en finance et en technologie pour développer des stratégies de trading algorithmique. La société est connue pour son utilisation avancée de l'IA et des techniques quantitatives pour analyser les marchés.

Citadel

Citadel est une autre grande société de trading algorithmique, dirigée par Kenneth Griffin. Elle utilise des modèles mathématiques et des algorithmes pour effectuer des trades à haute fréquence et gérer un portefeuille diversifié d'actifs financiers.

Trading et IA

AQR Capital Management

AQR Capital Management est une société de gestion de fonds qui intègre la recherche académique et les modèles quantitatifs dans ses stratégies de trading. AQR utilise des techniques quantitatives avancées pour exploiter les inefficacités du marché et générer des rendements pour ses investisseurs.

En rejoignant ces communautés et clubs, les traders peuvent accéder à des ressources précieuses, des insights et un soutien de la part d'individus partageant les mêmes idées et utilisant également des signaux et des algorithmes d'IA dans leurs activités de trading. Collaborer avec d'autres membres de ces groupes peut aider les traders à se tenir informés des dernières tendances du trading IA, à apprendre des expériences des autres et à améliorer leurs performances de trading grâce aux technologies d'IA.

Trading et IA

Chapitre 9: Points Clés pour les Traders Non-Professionnels

En tant que trader non-professionnel cherchant à intégrer l'intelligence artificielle dans votre stratégie de trading, il y a plusieurs points clés à garder à l'esprit. En comprenant ces points, vous pouvez maximiser les avantages de l'utilisation de l'IA dans votre trading et améliorer votre succès global sur le marché.

Trading et IA

Tout d'abord, il est essentiel de reconnaître que l'IA est un outil puissant qui peut vous aider à prendre des décisions de trading plus éclairées. En utilisant des algorithmes d'IA et des modèles d'apprentissage automatique, vous pouvez analyser de vastes quantités de données et identifier des motifs qui peuvent ne pas être apparents à l'œil humain. Cela peut vous donner un avantage significatif sur le marché et vous aider à réaliser des transactions plus rentables.

De plus, il est crucial de comprendre que l'IA n'est pas une solution miracle qui garantira le succès en trading. Bien que l'IA puisse fournir des insights précieux et vous aider à prendre de meilleures décisions, il est toujours important de combiner l'IA avec vos propres connaissances et expertise. En utilisant l'IA comme un complément à votre stratégie de trading, plutôt qu'en remplacement de celle-ci, vous pouvez maximiser ses avantages et améliorer votre performance globale.

En outre, il est important de surveiller et d'ajuster en continu votre stratégie de trading basée sur l'IA. Le marché évolue constamment, et ce qui fonctionne aujourd'hui peut ne pas fonctionner demain. En évaluant régulièrement la performance de vos modèles d'IA et en apportant les ajustements nécessaires, vous pouvez vous assurer que votre stratégie de trading reste efficace et rentable.

En conclusion, les traders non-professionnels peuvent bénéficier grandement de l'intégration de l'IA dans leur stratégie de trading. En comprenant les points clés décrits dans ce chapitre et en les appliquant à vos propres pratiques de trading, vous pouvez exploiter la puissance de l'IA pour améliorer votre performance en trading et atteindre un plus grand succès sur le marché.

Trading et IA

Réflexions sur l'Adoption de l'IA dans Votre Stratégie de Trading

En conclusion, intégrer l'intelligence artificielle dans votre stratégie de trading peut être une révolution pour les traders non-professionnels cherchant à prendre des décisions plus éclairées et rentables sur le marché. En exploitant la puissance des outils et algorithmes d'IA, vous pouvez obtenir un avantage compétitif et rester en avance dans le monde rapide du trading.

L'un des points clés de ce livre est l'importance de comprendre comment fonctionne l'IA et comment elle peut être appliquée à votre style de trading unique. En prenant le temps d'apprendre sur les différentes technologies d'IA et leurs applications potentielles, vous pouvez prendre des décisions plus éclairées sur les outils qui conviennent le mieux à vos besoins.
De plus, il est crucial de se rappeler que, bien que l'IA puisse fournir des insights et des analyses précieux, elle ne doit pas être utilisée comme seule base de vos décisions de trading. L'intuition et l'expérience humaine jouent toujours un rôle vital dans la réussite en trading, il est donc essentiel d'utiliser l'IA comme un outil complémentaire plutôt qu'un substitut aux méthodes traditionnelles.

En continuant à explorer le monde du trading avec l'IA, n'ayez pas peur d'expérimenter et d'essayer de nouvelles stratégies. Gardez l'esprit ouvert et soyez prêt à adapter votre approche en fonction des retours et des résultats que vous obtenez. Avec le temps et la pratique, vous pouvez affiner votre stratégie de trading et atteindre vos objectifs financiers grâce à l'intelligence artificielle.

En conclusion, adopter l'IA dans votre stratégie de trading peut révolutionner votre approche du marché et vous aider à atteindre un plus grand succès en tant que trader non-professionnel. En restant informé, ouvert d'esprit et prêt à apprendre, vous pouvez exploiter la puissance de l'IA pour porter votre trading à un niveau supérieur.

Trading et IA

N'oubliez pas que Warren Buffett souligne l'importance de la patience et de la discipline dans l'investissement. "Le marché boursier est conçu pour transférer de l'argent des actifs vers les patients." - Warren Buffett. Investir nécessite une perspective à long terme, de la discipline et la capacité de résister à la tentation de trader ou de spéculer constamment sur le marché. Il encourage les individus à se concentrer sur l'analyse fondamentale, les principes de l'investissement de valeur et à rester engagés dans leurs stratégies d'investissement au fil du temps.

L'IA peut certainement vous aider à cet égard. Bonne chance !

# Chapitre 10 : Exploiter ChatGPT pour des Stratégies de Trading Améliorées

Introduction à ChatGPT

Qu'est-ce que ChatGPT ?

ChatGPT est une version spécialisée des modèles Generative Pretrained Transformer (GPT) développés par OpenAI, conçus pour comprendre et générer du texte imitant les conversations humaines. Voici comment ChatGPT applique ses capacités dans le contexte du trading et de l'analyse financière :

- Interprétation des Nouvelles du Marché : ChatGPT peut digérer rapidement et résumer les actualités financières, aidant les traders à se tenir informés des dernières tendances et événements du marché. Il peut traiter de vastes quantités d'informations textuelles, des articles de presse aux rapports d'analystes en passant par les flux des réseaux sociaux, fournissant des insights condensés et pertinents.

- Analyse des Rapports Financiers : En utilisant ses capacités d'analyse de divers textes, y compris des documents financiers complexes, ChatGPT peut aider à interpréter les rapports trimestriels, les dépôts auprès de la SEC et les communiqués de résultats. Il peut mettre en évidence les principaux indicateurs financiers et les métriques de performance, facilitant ainsi l'évaluation de la santé financière d'une entreprise.

- Dialogues Informatifs : ChatGPT peut participer à des conversations sur les tendances boursières et les stratégies de trading. Il peut expliquer des concepts de trading de base et avancés, discuter des performances historiques du marché et explorer des scénarios de trading hypothétiques basés sur des données historiques.

Bien que ChatGPT soit performant dans le traitement et la génération d'informations textuelles, il est important de noter qu'il n'a pas accès aux données de marché en temps réel et ne doit pas être utilisé comme seul outil pour prendre des décisions financières. Il fonctionne mieux lorsqu'il est utilisé en complément des conseils financiers professionnels et des analyses de marché à jour.

Comment ChatGPT Utilise le Traitement du Langage Naturel (NLP)

Le traitement du langage naturel (NLP) est une branche de l'intelligence artificielle qui se concentre sur l'interaction entre les ordinateurs et les humains à travers le langage naturel. Le but du NLP est de permettre aux ordinateurs de comprendre, d'interpréter et de produire un langage humain de manière précieuse et significative. Voici comment cela fonctionne et comment ChatGPT exploite cette technologie :

- Compréhension du Texte : ChatGPT traite le texte en entrée en le décomposant en segments compréhensibles. Il analyse la structure et le sens du texte, en utilisant des modèles entraînés sur des ensembles de données vastes pour saisir le contexte, le sentiment et l'intention.

Trading et IA

- Génération de Texte : Sur la base de l'analyse du texte en entrée, ChatGPT génère des réponses cohérentes et contextuellement pertinentes. Il utilise les modèles appris lors de l'entraînement pour construire des phrases, en maintenant un flux naturel qui imite la conversation humaine.

- Apprentissage du Contexte : Le NLP permet à ChatGPT de considérer le contexte plus large d'une conversation. Cela signifie qu'il peut maintenir la pertinence du sujet au cours d'une interaction et ajuster ses réponses en fonction des nuances du dialogue.

Pertinence pour le Trading

Dans le domaine du trading et des finances, le NLP peut être particulièrement transformateur :

- Analyse de Sentiment : Le NLP peut analyser des articles de presse, des posts sur les réseaux sociaux et des rapports d'analystes pour déterminer le sentiment autour de certaines actions ou du marché en général. Cela aide à prédire les tendances du marché en fonction des émotions et des opinions exprimées dans de grandes quantités de texte.

- Rapports Automatisés : Les traders peuvent utiliser le NLP pour générer automatiquement des résumés de documents financiers, de rapports de résultats et des dernières nouvelles du marché, économisant ainsi du temps et fournissant des insights en un coup d'œil.

- Communications en Temps Réel : Le NLP permet des communications automatisées en temps réel avec les participants au marché. Les chatbots équipés de NLP peuvent gérer des demandes d'informations sur les conditions du marché, les performances des actions et les stratégies de trading, offrant des réponses rapides basées sur des données historiques et des tendances du marché.

- Compréhension des Requêtes Complexes : Les traders peuvent poser des questions complexes sur les données de marché, les prévisions financières et les opportunités d'investissement. Le NLP aide à analyser ces requêtes et à fournir des réponses détaillées et contextuelles qui peuvent faciliter la prise de décision.

En intégrant le NLP, les plateformes de trading peuvent améliorer leur interface entre les utilisateurs et les vastes quantités de données qu'elles traitent quotidiennement, les rendant plus interactives, réactives et conviviales. Bien que ChatGPT lui-même ne soit pas un outil de trading, ses capacités sous-jacentes en NLP en font un excellent partenaire pour les applications nécessitant une analyse et une interaction textuelles sophistiquées dans le secteur financier.

Applications Non Techniques de ChatGPT dans le Trading

Le rôle de l'IA, en particulier grâce à des outils comme ChatGPT, dans l'analyse financière s'étend, soulignant son potentiel à améliorer les aspects non techniques du trading. Cette intégration vise à améliorer l'expérience client, à simplifier l'interprétation des données complexes et à fournir un soutien à la prise de décision en trading. Voici comment ChatGPT, avec ses capacités pilotées par l'IA, peut aider dans diverses tâches liées au trading :

- Support Client et Interaction : ChatGPT peut servir de premier point de contact pour les traders et les investisseurs sur les plateformes de trading. Il peut gérer les demandes d'informations sur les comptes, les directives de trading, les processus de transaction, etc., fournissant des réponses instantanées et réduisant les temps d'attente pour le support humain.

Trading et IA

- Outil Éducatif : Pour les débutants comme pour les traders expérimentés, ChatGPT peut expliquer les concepts de trading, des termes de base comme les actions, les obligations et les fonds communs de placement aux idées plus complexes telles que les stratégies d'options, les contrats à terme et l'analyse technique. Ce soutien éducatif est crucial pour prendre des décisions de trading informées.

- Résumés de Marché : ChatGPT peut fournir des résumés quotidiens ou hebdomadaires du marché basés sur les dernières nouvelles et rapports. En synthétisant les informations de multiples sources, il peut mettre en lumière les événements clés susceptibles d'influencer le marché, offrant aux traders un aperçu rapide sans avoir à examiner eux-mêmes une documentation extensive.

- Communication des Risques : Il peut communiquer les risques potentiels liés au trading de certains instruments ou à l'adoption de stratégies spécifiques. En comprenant le contexte de l'utilisateur à travers des questions ou des préoccupations exprimées, ChatGPT peut fournir des conseils personnalisés, y compris des avertissements sur les investissements volatils ou les implications des changements économiques.

Exemples de Tâches Liées au Trading pour ChatGPT

Voici des exemples spécifiques de questions et de tâches auxquelles ChatGPT peut assister dans un contexte de trading :

- Question : *"Pouvez-vous expliquer ce qu'est un dividende et quelles entreprises ont annoncé des augmentations de dividendes ?"*

Trading et IA

- Tâche : ChatGPT peut expliquer le concept de dividendes et générer un résumé des articles récents sur les entreprises ayant annoncé des augmentations de dividendes.

- Question : *"Quelles sont les implications de la dernière décision de la Réserve fédérale sur les taux d'intérêt ?"*

    - Tâche : ChatGPT peut fournir une explication simplifiée des décisions de la Réserve fédérale sur les taux d'intérêt et discuter des impacts potentiels sur différents secteurs du marché.

- Question : *"Pouvez-vous fournir un résumé du dernier rapport de résultats de Tesla ?"*

    - Tâche : ChatGPT peut résumer les points clés du dernier rapport de résultats de Tesla, en se concentrant sur le revenu net, les changements de revenu et les déclarations prospectives faites par la direction de l'entreprise.

- Question : *"Comment puis-je commencer à trader des options et quels sont les risques associés ?"*

    - Tâche : ChatGPT peut décrire les étapes pour commencer à trader des options, expliquer les stratégies de base et discuter des risques associés, aidant ainsi les utilisateurs à comprendre à la fois les avantages potentiels et les inconvénients.

- Question : *"Quelles sont les tendances actuelles du marché des cryptomonnaies ?"*

Trading et IA

- Tâche : Bien qu'il ne dispose pas de données en temps réel, ChatGPT peut discuter des tendances récentes et des principales nouvelles affectant le marché des cryptomonnaies sur la base des informations les plus récentes disponibles.

Grâce à ces tâches, ChatGPT aide à combler le fossé entre les données financières complexes et les informations conviviales, rendant le trading plus accessible à un public plus large. Ce soutien non technique est crucial pour de nombreux utilisateurs qui n'ont peut-être pas une formation financière approfondie mais souhaitent participer activement au trading.

Commencer avec ChatGPT pour le Trading

Accéder à ChatGPT

1. Site Web d'OpenAI

    - Étape 1 : Visitez la page ChatGPT sur le site d'OpenAI. https://chat.openai.com/chat

    - Étape 2 : Inscrivez-vous ou connectez-vous si vous avez déjà un compte.

    - Étape 3 : Commencez à interagir avec ChatGPT en tapant vos questions ou demandes liées au trading.

Trading et IA

Plateformes de Trading Tiers avec Intégration AI

2. Plusieurs plateformes de trading intègrent des technologies AI similaires à ChatGPT pour améliorer l'expérience utilisateur, fournir des analyses en temps réel et offrir un support client automatisé. Voici quelques exemples notables :

A. Interactive Brokers

- Fonctionnalités AI : Utilise le traitement du langage naturel pour permettre aux utilisateurs de taper des commandes et des requêtes en anglais directement dans l'interface de trading.

- Applications : Les utilisateurs peuvent demander les prix des actions, obtenir des mises à jour de compte ou même exécuter des transactions via des commandes en langage naturel.

B. E*TRADE

- Fonctionnalités AI : Intègre un assistant AI qui aide les utilisateurs à naviguer sur la plateforme et fournit des réponses aux questions courantes sur le trading et les comptes personnels.

- Applications : L'assistant AI peut aider à récupérer des données de marché, comprendre des termes complexes de trading et gérer des transactions.

C. TD Ameritrade

- Fonctionnalités AI : Offre un chatbot AI nommé "Ask Ted" conçu pour répondre rapidement aux questions

Trading et IA

des clients et guider les utilisateurs à travers les fonctionnalités de la plateforme.

- Applications : Ask Ted peut aider avec des insights analytiques, des tâches de gestion de compte et des questions détaillées sur le trading.

D. Robinhood

- Fonctionnalités AI : Utilise des modèles d'apprentissage automatique pour personnaliser les nouvelles financières, les notifications et les suggestions d'investissement.

- Applications : L'AI aide à adapter le contenu au comportement de trading et aux préférences de l'individu, améliorant ainsi les processus de prise de décision.

E. Saxo Bank

- Fonctionnalités AI : Utilise l'AI pour le service client et l'efficacité opérationnelle, y compris des outils qui automatisent les stratégies de trading.

- Applications : Les capacités AI sont utilisées pour analyser les tendances du marché et aider les traders à développer des stratégies de trading mieux informées grâce à l'analyse prédictive.

Ces plateformes montrent comment l'AI est utilisée dans le secteur du trading pour améliorer l'efficacité, l'expérience utilisateur et l'accessibilité. L'intégration d'outils AI comme ChatGPT aide à simplifier les décisions de trading complexes en fournissant un accès rapide à l'information et en automatisant les tâches routinières. Cette tendance est susceptible de croître à mesure que la technologie AI avance et s'intègre davantage dans les services financiers.

Utiliser ChatGPT pour l'Analyse de Marché

Analyser les Actualités du Marché

Utiliser ChatGPT pour obtenir des résumés des actualités financières peut être très efficace pour rester informé sur des marchés ou des actions spécifiques. Voici un guide étape par étape pour utiliser ChatGPT de manière pertinente et précise :

Étape 1 : Accéder à ChatGPT

Accédez à ChatGPT via les plateformes supportées, telles que le site d'OpenAI, les plateformes de trading intégrées ou les applications mobiles. Assurez-vous d'être connecté si nécessaire.

Étape 2 : Spécifiez Votre Requête

Soyez clair et spécifique sur ce que vous recherchez. Plus votre question est précise, plus les informations fournies par ChatGPT seront pertinentes. Par exemple :

- *"Pouvez-vous fournir un résumé des actualités financières d'aujourd'hui axées sur le secteur technologique ?"*
- *"J'ai besoin d'un résumé des récents développements concernant l'action Tesla."*

Étape 3 : Demandez des Détails Supplémentaires ou des Précisions

Une fois que vous avez reçu le résumé initial, vous pourriez avoir besoin de plus de détails ou de clarifications sur certains points. Posez des questions spécifiques pour approfondir :

- *"Pouvez-vous expliquer l'impact de la nouvelle politique gouvernementale sur l'action Tesla ?"*
- *"Quels sont les facteurs clés qui influencent les tendances actuelles dans le secteur technologique ?"*

Étape 4 : Demandez des Analyses Comparatives ou un Contexte Historique

Pour mieux comprendre la signification des actualités, vous pourriez vouloir les voir dans un contexte plus large :

- *"Comment la performance du secteur technologique aujourd'hui se compare-t-elle à celle du mois dernier ?"*
- *"Quelle a été la tendance des prix des actions Tesla après les précédentes annonces de résultats ?"*

Étape 5 : Appliquez l'Information

Utilisez les informations résumées pour prendre des décisions éclairées ou approfondir vos recherches. Si nécessaire, combinez les insights de ChatGPT avec d'autres sources ou outils pour une vue plus complète.

Étape 6 : Surveillance Continue

Configurez des invites régulières pour rester informé :

- *"Donnez-moi des mises à jour quotidiennes sur les actualités liées à l'action Apple."*
- *"Alertez-moi de toute nouvelle importante concernant les régulations des cryptomonnaies."*

Exemple d'Interaction :

Utilisateur : *"Pouvez-vous fournir un résumé des nouvelles les plus importantes des marchés financiers aujourd'hui, en se concentrant spécifiquement sur le secteur de la santé ?"*

ChatGPT : "Aujourd'hui dans le secteur de la santé, XYZ Biotech a bondi de 15% après l'annonce de résultats positifs de la phase 3 de leur nouveau médicament. Pendant ce temps, ABC Pharma a chuté de 5% après le rappel de l'un de leurs produits phares en raison de problèmes de conformité. Enfin, le secteur de la santé suscite un intérêt croissant des investisseurs suite aux nouvelles réformes de la santé annoncées par le gouvernement."

Cette approche avec ChatGPT vous aide à trier rapidement de grandes quantités de données, en vous concentrant uniquement sur ce qui est pertinent pour vos intérêts ou investissements. En affinant vos questions et en utilisant des questions de suivi, vous pouvez utiliser ChatGPT pour améliorer votre compréhension et rester informé sur les marchés financiers.

Autre Exemple d'Utilisation de ChatGPT pour les Résumés des Actualités Financières :

Prompt : *"Quels sont les points clés des nouvelles d'aujourd'hui concernant la décision de taux d'intérêt de la Réserve fédérale ?"*

En suivant ces étapes, vous pouvez maximiser l'utilité de ChatGPT pour rester informé des actualités financières et prendre des décisions de trading éclairées.

Comprendre les Rapports Économiques

Les rapports économiques peuvent souvent être denses et remplis de données complexes, rendant leur compréhension difficile pour les traders. Voici comment utiliser ChatGPT pour simplifier ces rapports en informations exploitables pour le trading :

Étape 1 : Accéder à ChatGPT

Assurez-vous d'avoir accès à ChatGPT via une plateforme compatible, que ce soit directement via le site d'OpenAI, une plateforme de trading intégrant l'IA ou une application dédiée.

Étape 2 : Saisir le Rapport Économique

Si vous avez un rapport économique spécifique en tête (par exemple, les chiffres de croissance du PIB, les taux de chômage, les données sur l'inflation), commencez par demander à ChatGPT d'expliquer la signification du rapport. Par exemple :

- *"Pouvez-vous expliquer le dernier rapport sur le PIB et ses implications pour le marché boursier ?"*

- *"Résumez les points clés du récent rapport sur l'indice des prix à la consommation (IPC) et comment cela pourrait affecter les taux d'intérêt."*

Étape 3 : Demander des Simplifications et Clarifications

Si l'explication initiale est encore trop complexe ou si vous avez besoin que certaines parties du rapport soient détaillées, demandez des simplifications :

- *"Pouvez-vous expliquer ce que les changements dans l'IPC indiquent pour les dépenses des consommateurs ?"*

- *"Expliquez le terme 'emplois non agricoles' dans le contexte du rapport sur le chômage."*

Étape 4 : Demander des Informations et Implications

Pour rendre les données exploitables, demandez à ChatGPT de traduire ces indicateurs économiques en mouvements potentiels du marché ou en stratégies de trading :

- *"Quelle pourrait être la réaction du marché à cette hausse inattendue des taux de chômage ?"*

- *"Comment les dernières données sur l'inflation pourraient-elles influencer les décisions de la Réserve fédérale sur les taux d'intérêt, et qu'est-ce que cela signifie pour mes investissements obligataires ?"*

Étape 5 : Analyse Comparative et Tendances

Comprendre les données économiques nécessite souvent une perspective historique ou une comparaison avec les attentes du marché :

- *"Comparez le taux de croissance du PIB actuel avec celui du trimestre précédent et son impact sur l'indice S&P 500."*

- *"Comment ce taux d'inflation se compare-t-il à la même période l'année dernière, et quelles ont été les réactions du marché à ce moment-là ?"*

Étape 6 : Mises à Jour Continues

Étant donné que les conditions économiques évoluent, il est utile de configurer des demandes continues :

- *"Tenez-moi informé des changements majeurs dans les indicateurs économiques qui pourraient impacter le secteur automobile."*

- *"Alertez-moi des nouveaux rapports économiques liés au marché immobilier."*

Exemple d'Interaction :

Utilisateur : *"J'ai le dernier rapport de la Réserve fédérale sur les taux d'intérêt. Pouvez-vous m'aider à comprendre ses implications pour le trading de devises ?"*

ChatGPT : "Certainement ! La Réserve fédérale a décidé d'augmenter les taux d'intérêt de 0,25 %. Cela est généralement haussier pour le USD car des taux d'intérêt plus élevés peuvent attirer des capitaux étrangers à la recherche de meilleurs rendements. Vous pourriez voir un renforcement du USD par rapport à d'autres devises majeures. Il serait sage de surveiller les paires de devises comme EUR/USD ou USD/JPY pour saisir les opportunités de capitaliser sur cette tendance."

Utiliser ChatGPT de cette manière vous permet de transformer des données économiques complexes en informations compréhensibles et exploitables pour orienter vos stratégies de trading. En engageant continuellement avec l'IA de cette manière, vous pouvez maintenir un avantage en vous adaptant aux tendances économiques et aux mouvements du marché.

Améliorer les Décisions de Trading avec ChatGPT

Génération d'Idées de Trading

Voyons comment ChatGPT peut aider à générer des idées de trading en analysant les données actuelles du marché et les tendances historiques.

Exemple de Prompt : *"Sur la base des dernières tendances du marché, quels secteurs devrais-je envisager d'investir ce trimestre ?"*

Améliorer les décisions de trading avec ChatGPT, en particulier dans le domaine de la génération d'idées de trading, implique de tirer parti de ses capacités pour analyser les données actuelles du marché et les tendances historiques. Ce processus peut fournir aux traders des informations précieuses et des idées de trading exploitables.

Voici comment utiliser ChatGPT pour générer des idées de trading :

Trading et IA

Comprendre la génération d'idées de trading avec ChatGPT

1. Capacité d'Analyse de Données :

ChatGPT peut être utilisé pour analyser rapidement de grandes quantités de données. Bien que le modèle ne traite pas directement les données brutes du marché ou n'effectue pas d'analyse quantitative, il peut interpréter les résultats de telles analyses lorsqu'ils sont fournis sous forme textuelle. Cela permet aux traders de poser des questions sur les analyses de données et de recevoir des interprétations compréhensibles.

2. Analyse des Tendances Historiques :

Les traders peuvent discuter des tendances historiques du marché et de leurs implications avec ChatGPT. Par exemple, en fournissant des résumés ou des informations issues de rapports financiers existants ou de résultats d'analyses de données, les traders peuvent demander à ChatGPT de comparer ces tendances aux conditions actuelles du marché. Cela peut aider à identifier des schémas susceptibles de se répéter ou à prévoir le comportement futur du marché.

3. Simulation de Scénarios :

ChatGPT peut aider à simuler différents scénarios de trading basés sur des données historiques. Les traders peuvent poser des questions hypothétiques telles que "Que pourrait-il arriver aux actions technologiques si les taux d'intérêt augmentaient de 1 % ?" ChatGPT peut utiliser les informations des données historiques disponibles pour formuler des réponses indiquant les réactions possibles du marché en fonction d'événements similaires passés.

Étapes Pratiques pour Utiliser ChatGPT dans la Génération d'Idées de Trading

Préparation des Demandes

Préparez des demandes spécifiques liées aux tendances du marché, aux indicateurs économiques ou aux actions spécifiques. Plus les questions sont claires et précises, meilleure sera la qualité des réponses de ChatGPT.

Interprétation des Données

Présentez vos résultats d'analyse de données ou résumés de marché à ChatGPT de manière claire. Par exemple : "Sur la base des données du dernier trimestre, les actions technologiques ont montré un taux de croissance de 5 % dans un marché haussier. Comment les changements réglementaires potentiels pourraient-ils impacter cette tendance ?"

Analyse des Réponses

Analysez les réponses de ChatGPT pour obtenir des perspectives sur la dynamique du marché ou des opportunités d'investissement potentielles. ChatGPT pourrait fournir des perspectives sur l'évolution de certaines tendances, offrant une base pour la génération d'idées de trading.

Boucle de Retour Continue

Utilisez une boucle de retour où les résultats des tendances prédites sont discutés à nouveau avec ChatGPT pour affiner les demandes futures et améliorer la compréhension. Ce processus itératif aide à affiner les idées de trading au fil du temps.

Exemple de Génération d'Idées de Trading avec ChatGPT

Exemple de Prompt :

"Étant donné la résilience historique des actions des services publics pendant les récessions économiques, comment une récession imminente pourrait-elle impacter des secteurs comme la technologie et la consommation discrétionnaire ?"

Réponse de ChatGPT :

"Lors des récessions précédentes, les actions des services publics ont effectivement montré une résilience, souvent surperformant le marché. Pour les secteurs comme la technologie et la consommation discrétionnaire, une récession pourrait entraîner une réduction des dépenses des consommateurs et des bénéfices plus faibles. Cependant, certains sous-secteurs technologiques, tels que l'informatique en nuage et la cybersécurité, pourraient continuer à croître en raison des besoins continus de transformation numérique."

Application :

Cette information peut aider un trader à réallouer ses investissements, en augmentant potentiellement les participations dans les actions des services publics tout en étant plus sélectif au sein du secteur technologique, en se concentrant sur les sous-secteurs susceptibles de maintenir leur croissance.

Utiliser ChatGPT pour la génération d'idées de trading implique de tirer parti de ses capacités de traitement du langage naturel pour interpréter les données et les tendances, simuler des scénarios et générer des informations de trading exploitables. En intégrant ChatGPT dans leur flux d'analyse, les traders peuvent améliorer leurs processus de prise de décision, découvrir de nouvelles opportunités de trading et affiner leurs stratégies avec une meilleure compréhension des dynamiques complexes du marché.

Discussion de Stratégie

ChatGPT peut aider à évaluer différentes stratégies de trading en fonction des conditions actuelles du marché.

Exemple de Prompt : *"Comparez l'efficacité de la vente à découvert par rapport aux stratégies d'investissement à long terme dans l'environnement économique actuel."*

Gestion des Risques avec ChatGPT

La gestion des risques est cruciale en trading, et l'utilisation de ChatGPT pour identifier et analyser les risques potentiels peut considérablement améliorer la prise de décision. Voici quelques exemples montrant comment les traders peuvent utiliser ChatGPT pour discuter et évaluer les risques associés à leurs portefeuilles de trading.

Exemple 1 : Surexposition du Portefeuille à un Seul Secteur

Trader : *"J'ai remarqué qu'une grande partie de mon portefeuille est concentrée dans le secteur technologique. Quels sont les risques potentiels ?"*

ChatGPT : "Concentrer une grande partie de votre portefeuille dans un seul secteur, tel que la technologie, vous expose à des risques spécifiques à ce secteur. Ceux-ci peuvent inclure des changements réglementaires, des perturbations technologiques ou des changements de préférences des consommateurs qui affectent de manière disproportionnée les entreprises technologiques. Les facteurs économiques comme les hausses des taux d'intérêt peuvent également impacter les secteurs orientés vers la croissance comme la technologie plus que d'autres. Cette surexposition peut entraîner une volatilité accrue et des pertes potentielles si le secteur connaît une baisse."

Trader : *"Comment puis-je atténuer ce risque ?"*

ChatGPT : "Pour atténuer le risque de surexposition, envisagez de diversifier votre portefeuille entre plusieurs secteurs. Cela peut impliquer de réallouer une partie de vos investissements du secteur technologique vers des secteurs plus stables comme les services publics ou les produits de consommation courante, qui sont moins sensibles aux cycles économiques. De plus, en révisant régulièrement l'allocation sectorielle de votre portefeuille, vous pouvez maintenir une exposition équilibrée, réduisant ainsi les risques potentiels et lissant les rendements au fil du temps."

Exemple 2 : Risques liés à un Levier Élevé

Trader : *"J'utilise l'effet de levier pour augmenter mes rendements de trading. À quoi devrais-je faire attention ?"*

ChatGPT : "L'utilisation de l'effet de levier peut considérablement augmenter vos rendements potentiels, mais elle amplifie également vos risques. Si le marché évolue contre votre position, l'effet de levier peut entraîner de grandes pertes par rapport à votre investissement initial. De plus, il existe un risque d'appel de marge si le solde de votre compte tombe en dessous du niveau requis par le courtier, ce qui pourrait vous obliger à liquider des positions à des prix défavorables."

Trader : *"Quelles stratégies puis-je utiliser pour gérer le risque de levier ?"*

ChatGPT : "Pour gérer efficacement le risque de levier, envisagez de mettre en place des règles strictes de gestion des risques. Fixez une limite au montant total du levier que vous utilisez par rapport à la valeur de votre portefeuille. Utilisez des ordres stop-loss pour fermer automatiquement les positions à un niveau de prix prédéterminé, limitant ainsi vos pertes. Surveillez également en continu les conditions du marché et ajustez votre utilisation du levier en fonction du niveau de volatilité et de la liquidité du marché. Enfin, maintenez une réserve de liquidités suffisante dans votre compte pour faire face aux appels de marge sans avoir à liquider des positions précipitamment."

Exemple 3 : Risque d'Événements de Marché Significatifs

Trader : *"Comment puis-je préparer mon portefeuille pour des événements de marché imprévus comme une crise financière ?"*

ChatGPT : "Préparer votre portefeuille pour des événements de marché significatifs implique de renforcer sa résilience. Une stratégie consiste à inclure des classes d'actifs historiquement connues pour être moins corrélées ou même inversement corrélées avec le marché, telles que l'or ou certains titres à revenu fixe. Envisagez également de maintenir une partie de votre portefeuille en liquidités ou équivalents de liquidités pour profiter des nouvelles opportunités qui se présentent pendant une baisse."

Trader : *"Existe-t-il un moyen de prédire ces événements ?"*

ChatGPT : "Bien qu'il soit difficile de prédire avec précision le moment des crises de marché, vous pouvez surveiller des indicateurs économiques et le sentiment du marché pour détecter des signes avant-coureurs potentiels. Surveillez les niveaux élevés de levier sur le marché, les fluctuations inhabituelles des prix des matières premières et les changements importants dans les politiques gouvernementales ou les taux d'intérêt. Des outils comme les calendriers économiques, les agrégateurs de nouvelles financières et les analyses prédictives utilisant l'IA peuvent vous aider à rester informé et à réagir plus rapidement aux risques émergents."

Ces exemples montrent comment ChatGPT peut aider les traders à analyser différents types de risques dans leurs portefeuilles et à discuter de stratégies pour atténuer ces risques efficacement. En engageant de tels dialogues, les traders peuvent prendre des décisions plus éclairées et maintenir un profil de risque plus sain dans leurs activités de trading.

Enfin, ChatGPT peut aider à identifier et analyser les risques potentiels dans un portefeuille de trading.

Exemple de Prompt : *"Analyse le risque d'investir dans des obligations à haut rendement dans le climat actuel des taux d'intérêt."*

Conformité et Réglementations

Utiliser ChatGPT pour rester à jour avec les dernières réglementations de trading et exigences de conformité.

Exemple de Prompt : *"Résumez les dernières réglementations de la FINRA affectant le trading de cryptomonnaies."*

Rester en conformité avec les réglementations de trading et comprendre les dernières exigences est crucial pour les traders afin d'éviter les pièges juridiques et de gérer efficacement les risques. ChatGPT peut être une ressource inestimable pour résumer des documents réglementaires complexes, fournir des mises à jour sur les nouvelles réglementations et expliquer comment ces changements peuvent affecter les activités de trading. Voici quelques exemples de la façon dont les traders peuvent utiliser

ChatGPT pour se tenir informés sur la conformité et les réglementations :

Exemple 1 : Comprendre les Nouveaux Changements Réglementaires

Trader : *"Pouvez-vous expliquer les dernières modifications de la règle 10b5-1 de la SEC et comment elles pourraient affecter mes plans de trading ?"*

ChatGPT : *"Les dernières modifications de la règle 10b5-1 de la SEC impliquent des exigences plus strictes pour les initiés corporatifs afin de prévenir le délit d'initié illégal. Les principaux changements incluent :

- Période de Refroidissement : Les initiés doivent désormais attendre une période de refroidissement obligatoire après l'adoption d'un plan 10b5-1 avant de pouvoir commencer à trader. Pour les directeurs et les dirigeants de l'entreprise, la période de refroidissement est de six mois, et pour les autres employés, elle est de trois mois.
- Certifications : Lors de l'adoption d'un plan 10b5-1, les initiés doivent certifier qu'ils ne sont pas en possession d'informations matérielles non publiques (MNPI).
- Limite sur les Plans Multiples : Les modifications restreignent la possibilité de maintenir plusieurs plans 10b5-1 qui se chevauchent.

Ces changements visent à améliorer la transparence et à prévenir les abus de la règle, ce qui pourrait impacter vos plans de trading si vous êtes considéré comme un initié ou si vos transactions peuvent être influencées par les actions des initiés."*

Trader : *"Comment devrais-je ajuster ma stratégie de trading en réponse à cela ?"*

ChatGPT : "Pour vous aligner sur les nouvelles modifications, assurez-vous que tout plan de trading 10b5-1 dont vous faites partie est pleinement conforme aux nouvelles périodes de refroidissement et aux exigences de certification. Envisagez de consulter un responsable de la conformité ou un conseiller juridique pour revoir vos stratégies de trading et garantir qu'elles respectent ces réglementations mises à jour. Il est également avantageux de mettre en place des systèmes de surveillance robustes pour suivre toutes les transactions effectuées dans le cadre de ces plans afin de garantir une conformité continue."

Exemple 2 : Se Tenir à Jour sur les Réglementations de Trading Mondiales

Trader : *"Je trade sur plusieurs bourses internationales. Comment puis-je suivre les changements réglementaires dans différents marchés ?"*

ChatGPT : "Gérer la conformité dans plusieurs marchés internationaux nécessite une approche proactive :

- Mises à Jour Régulières : Abonnez-vous à des flux d'actualités réglementaires ou utilisez un service de surveillance de la conformité qui vous alerte sur les changements réglementaires dans les marchés où vous êtes actif.
- Conseils Juridiques Locaux : Travaillez avec des conseillers juridiques dans chaque juridiction pour comprendre les exigences réglementaires locales et recevoir des mises à jour en temps opportun sur les changements.
- Logiciel de Conformité : Envisagez d'investir dans un logiciel de gestion de la conformité qui peut vous aider à suivre et à vous adapter aux changements réglementaires dans différentes régions."

Exemple 3 : Comprendre les Réglementations sur les Cryptomonnaies

Trader : "Quelles sont les considérations réglementaires actuelles pour le trading de cryptomonnaies aux États-Unis ?"

ChatGPT : "Le trading de cryptomonnaies aux États-Unis est principalement supervisé par la SEC et la CFTC, et il est soumis à un paysage réglementaire en évolution rapide. Les considérations clés incluent :

- Loi sur les Valeurs Mobilières : Selon la manière dont elles sont émises et tradées, certaines cryptomonnaies peuvent être classées comme des valeurs mobilières et donc soumises aux réglementations de la SEC.
- Lutte contre le Blanchiment d'Argent (AML) : Les échanges de cryptomonnaies doivent se conformer aux réglementations AML en vertu de la loi sur le secret bancaire, ce qui nécessite des processus de KYC (Connaissance du Client).
- Obligations Fiscales : L'IRS exige la déclaration des gains et des pertes provenant des transactions de cryptomonnaies, similaires aux autres actifs de capital.

Il est important de revoir régulièrement les directives émises par ces organismes de réglementation et d'envisager une consultation juridique pour garantir la conformité avec les lois en vigueur."

Ces exemples illustrent comment ChatGPT peut aider les traders à naviguer dans le monde complexe des réglementations financières en fournissant des explications claires sur les exigences réglementaires, en suggérant des moyens de se tenir informé et en aidant les traders à comprendre les implications de ces réglementations sur leurs stratégies de trading.

Exemples Pratiques et Études de Cas

Étude de Cas 1 : Repli du Marché

Voyons un scénario détaillé sur la façon dont ChatGPT pourrait être utilisé pour adapter les stratégies de trading lors d'un repli du marché et comment les insights de ChatGPT pourraient conduire à des ajustements stratégiques, minimisant les pertes et capitalisant sur les reprises du marché.

Scénario : Adapter les Stratégies de Trading Pendant un Repli du Marché en Utilisant ChatGPT

Contexte

Les replis du marché peuvent être difficiles pour les traders, souvent marqués par une volatilité accrue et une baisse générale des prix des actions. Les traders doivent rapidement adapter leurs stratégies pour atténuer les pertes et se positionner pour une éventuelle reprise. Ici, nous explorons comment ChatGPT peut être instrumental pendant de telles périodes.

Situation Initiale

Imaginez un trader, Alex, qui possède un portefeuille diversifié principalement composé d'actions technologiques, particulièrement vulnérables lors du repli en raison de niveaux de valorisation élevés. Alors que le marché commence à décliner, Alex se tourne vers ChatGPT pour obtenir de l'aide pour naviguer dans cet environnement difficile.

Étape 1 : Évaluation Immédiate des Conditions du Marché

Trading et IA

Alex : *"Pouvez-vous fournir une analyse des conditions actuelles du marché et de leur impact sur les actions technologiques ?"*

ChatGPT : "Le repli actuel du marché semble être provoqué par une combinaison de hausse des taux d'intérêt et de ralentissement de la croissance économique, poussant les investisseurs à se détourner des actions technologiques orientées vers la croissance en raison de leurs valorisations élevées et de leurs profils de risque. Le secteur technologique a connu une vente massive, les principaux indices reflétant une tendance à la baisse d'environ 10% ce trimestre. La volatilité est élevée, indiquant un sentiment incertain des investisseurs."

Étape 2 : Suggestions d'Adaptation de Stratégie

Alex : *"Compte tenu de ces conditions, quelles stratégies recommanderiez-vous pour atténuer les risques ?"*

ChatGPT : "Dans le marché volatil actuel, envisagez les ajustements stratégiques suivants :

- Rééquilibrage du Portefeuille : Réduisez l'exposition aux actions technologiques à forte croissance et augmentez les avoirs dans des secteurs plus défensifs comme les services publics ou les produits de base, qui tendent à mieux performer pendant les replis.

- Couverture : Mettez en œuvre des stratégies de couverture en utilisant des options, telles que l'achat d'options de vente pour se protéger contre de nouvelles baisses dans vos positions les plus vulnérables.

- Achat à Prix Moyens : Si vous croyez au potentiel à long terme de vos avoirs, envisagez l'achat à prix moyens pour réduire l'impact de la volatilité.

- Ordres Stop-Loss : Placez des ordres stop-loss pour vendre automatiquement des actifs qui atteignent un seuil de prix prédéterminé afin de prévenir des pertes importantes."

Étape 3 : Recherche d'Opportunités pour la Reprise

Alex : *"Comment puis-je me préparer à capitaliser sur une reprise du marché ?"*

ChatGPT : "Pour vous positionner en vue d'une reprise, concentrez-vous sur :

- Actions de Qualité : Recherchez des actions de haute qualité qui ont été survendues mais qui ont des fondamentaux solides, des bénéfices solides et de bonnes positions sur le marché.

- Rotation Sectorielle : Surveillez les secteurs qui rebondissent généralement tôt après les replis, comme les secteurs de la consommation discrétionnaire ou de l'industrie.

- Gestion de la Liquidité : Maintenez une liquidité suffisante pour profiter de nouvelles opportunités d'investissement à mesure que le marché commence à se redresser.

- Restez Informé : Tenez-vous au courant des indicateurs économiques et des changements de sentiment du marché qui peuvent signaler le début d'une phase de reprise."

Étape 4 : Suivi et Ajustement Continu

Alex : *"Comment devrais-je surveiller mon portefeuille et ajuster ma stratégie à l'avenir ?"*

Trading et IA

ChatGPT : "Surveillez en continu les éléments suivants :

- Indicateurs Économiques : Suivez les taux d'intérêt, les données sur l'emploi et les taux de croissance du PIB, car ils peuvent affecter les conditions du marché et le sentiment des investisseurs.

- Tendances du Marché : Utilisez l'analyse technique pour observer les tendances des prix des actions et des indices du marché, à la recherche de signes de stabilisation ou de reprise.

- Performance du Portefeuille : Examinez régulièrement la performance de votre portefeuille par rapport aux benchmarks et ajustez votre stratégie en conséquence.

- Restez Flexible : Soyez prêt à adapter votre stratégie en fonction des nouvelles informations ou des changements dans les conditions du marché pour atténuer les risques et saisir les opportunités émergentes."

En utilisant ChatGPT pendant un repli du marché, Alex peut prendre des décisions éclairées rapidement, adaptant sa stratégie de trading pour minimiser les pertes et se positionner pour une éventuelle reprise du marché. La capacité de ChatGPT à analyser de grandes quantités de données et à fournir des recommandations stratégiques permet à Alex de naviguer plus efficacement dans le repli, en maintenant une approche de trading proactive et informée.

Étude de Cas 2 : Indicateurs Économiques

Comment utiliser les indicateurs économiques pour prévoir les mouvements du marché en utilisant ChatGPT.

Trading et IA

Utiliser les Indicateurs Économiques pour Prévoir les Mouvements du Marché avec ChatGPT

Scénario : Prévoir les Réactions du Marché Boursier aux Changements des Indices de Confiance des Consommateurs

Les indicateurs économiques sont des outils essentiels pour les investisseurs et les traders pour évaluer la santé de l'économie et prévoir les mouvements futurs du marché. Les indices de confiance des consommateurs, en particulier, peuvent fournir des informations sur le sentiment des consommateurs, qui est un moteur important de l'activité économique. Dans ce scénario, nous allons explorer comment un trader, nommé Jordan, utilise ChatGPT pour comprendre et prévoir comment les changements de confiance des consommateurs pourraient affecter le marché boursier.

Étape 1 : Comprendre l'Indicateur Économique

Jordan : *"Pouvez-vous expliquer ce qu'est l'indice de confiance des consommateurs et pourquoi il est important pour le marché boursier ?"*

ChatGPT : "L'indice de confiance des consommateurs mesure à quel point les consommateurs sont optimistes ou pessimistes quant à leur situation financière future. Cet indice est un indicateur clé de la santé globale de l'économie car les dépenses de consommation alimentent une part importante de l'activité économique. Un indice de confiance des consommateurs élevé suggère que les consommateurs sont prêts à dépenser davantage, ce qui peut conduire à des ventes et des bénéfices plus élevés pour les entreprises, entraînant généralement des gains sur le marché boursier. À l'inverse, un indice de confiance faible peut indiquer une réduction des dépenses, ce qui peut nuire aux bénéfices des entreprises et affecter négativement le marché boursier."

Étape 2 : Analyser les Données Récentes

Jordan : *"Le dernier rapport montre une forte baisse de la confiance des consommateurs par rapport au mois précédent. Comment cela pourrait-il affecter le marché boursier ?"*

ChatGPT : "Une forte baisse de la confiance des consommateurs peut être un précurseur d'une diminution des dépenses de consommation, ce qui pourrait entraîner une baisse des revenus des ventes pour les entreprises cotées en bourse. Cela impacte particulièrement les secteurs dépendant des dépenses discrétionnaires, tels que le commerce de détail, les biens de luxe et les services aux consommateurs. Les actions dans ces secteurs pourraient connaître des baisses après un tel rapport. De plus, une baisse significative de la confiance des consommateurs pourrait entraîner une instabilité plus large du marché alors que les investisseurs anticipent des ralentissements économiques potentiels et ajustent leurs portefeuilles en conséquence."

Étape 3 : Prédire l'Impact Sectoriel

Jordan : *"Quels secteurs sont susceptibles d'être les plus affectés par cette baisse de confiance des consommateurs ?"*

ChatGPT : "Les secteurs très sensibles aux habitudes de dépenses des consommateurs sont susceptibles d'être les plus affectés. Ceux-ci incluent :

- Commerce de Détail : Surtout les entreprises se concentrant sur les biens non essentiels.

- Automobile : Les consommateurs pourraient retarder les achats importants comme les voitures.

- Biens Durables de Consommation : Incluant les appareils électroniques et électroménagers, souvent des achats optionnels.

Hôtellerie et Loisirs : Comme les hôtels, restaurants et services de divertissement.

D'autre part, les services essentiels comme les services publics, la santé et les produits de consommation de base peuvent subir un impact moindre car les dépenses sur ces articles sont moins discrétionnaires."

Étape 4 : Décisions d'Investissement Stratégiques

Jordan : *"Étant donné ces informations, comment devrais-je ajuster mon portefeuille ?"*

ChatGPT : "Compte tenu de l'impact attendu sur les dépenses des consommateurs, vous pourriez envisager :

- Réduire l'Exposition : Alléger les investissements dans les secteurs susceptibles d'être négativement affectés par la baisse de confiance des consommateurs.

- Position Défensive : Augmenter les investissements dans les secteurs défensifs comme les services publics, la santé et les produits de consommation courante, qui sont plus résilients en période de ralentissement économique.

- Achats Opportunistes : Rechercher des opportunités sous-évaluées dans les secteurs touchés qui pourraient rebondir rapidement une fois la confiance des consommateurs rétablie.

Trading et IA

- Diversification : Assurez-vous que votre portefeuille est bien diversifié à travers les secteurs et les géographies pour atténuer les pertes potentielles."

Étape 5 : Suivi et Ajustement Continus

Jordan : *"À quelle fréquence devrais-je examiner ces indicateurs et ma stratégie de portefeuille ?"*

ChatGPT : "Les indicateurs économiques comme l'indice de confiance des consommateurs sont généralement publiés mensuellement. Il est bon de les examiner régulièrement et d'évaluer leur impact potentiel sur votre portefeuille. En outre, surveillez les actualités économiques connexes, les tendances du marché et d'autres indicateurs comme les taux d'emploi et la croissance du PIB, qui peuvent fournir un contexte supplémentaire aux changements dans le sentiment des consommateurs. Ajustez votre stratégie d'investissement en fonction de cette analyse et des perspectives économiques globales."

En utilisant ChatGPT, Jordan peut approfondir sa compréhension des indicateurs économiques tels que l'indice de confiance des consommateurs et leur impact potentiel sur le marché boursier. Ce scénario illustre comment les traders peuvent utiliser ChatGPT pour aider à interpréter des données économiques complexes et prendre des décisions stratégiques éclairées pour optimiser leurs portefeuilles d'investissement en réponse aux conditions changeantes du marché.

Conseils Avancés pour Utiliser ChatGPT

Créer des invites efficaces est crucial lorsque vous interagissez avec ChatGPT, surtout dans le domaine du trading où la précision des informations peut avoir un impact significatif sur la prise de décision. Voici quelques techniques pour affiner vos prompts afin d'obtenir des réponses plus précises et utiles de ChatGPT :

1. Soyez Précis dans Votre Demande

La spécificité de votre prompt influence directement la précision et la pertinence de la réponse de ChatGPT. Au lieu de poser des questions générales, ciblez exactement ce dont vous avez besoin.

Exemple :

- Vague : *"Parlez-moi du marché boursier."*
- Spécifique : *"Fournissez un résumé des variations en pourcentage d'aujourd'hui pour l'indice S&P 500 et les trois secteurs les plus performants."*

2. Inclure le Contexte dans Vos Prompts

Fournir un contexte aide l'IA à comprendre le cadre de référence et à offrir des informations adaptées. Le contexte peut être temporel, spatial ou lié à des conditions de marché particulières.

Exemple :

- Sans Contexte : *"Quel est l'impact des indicateurs économiques sur les marchés ?"*
- Avec Contexte : *"Quel impact les taux de chômage en hausse aux États-Unis ont-ils généralement sur les actions de consommation discrétionnaire ?"*

3. Utilisez un Langage Clair et Concis

Bien que ChatGPT soit compétent pour traiter le langage naturel, des prompts clairs et concis réduisent les risques de mauvaise interprétation et vous permettent d'aller droit au but.

Exemple :

- Moins Clair : *"Je me demande si vous pourriez peut-être donner des idées sur, peut-être, comment se portent les actions technologiques ?"*
- Clair et Concis : *"Quelle est la performance d'aujourd'hui du secteur technologique du NASDAQ ?"*

4. Séquencez Logiquement Vos Questions

Lorsque vous posez plusieurs questions, structurez-les de manière logique. Cela aide ChatGPT à fournir des réponses cohérentes et à traiter systématiquement chaque partie de votre demande.

Exemple de Séquence Logique :

1. *"Quel était le cours de clôture de l'action XYZ aujourd'hui ?"*
2. *"Comment cela se compare-t-il à son prix de la semaine dernière ?"*
3. *"Quels sont les facteurs qui influencent le mouvement des prix d'aujourd'hui ?"*

5. Incorporez des Mots-Clés Liés à Votre Focus d'Analyse

Utiliser des mots-clés spécifiques à votre domaine d'intérêt, comme des indicateurs techniques particuliers ou des métriques financières, peut guider ChatGPT à concentrer sa réponse autour de ces concepts.

Exemple :

- Général : *"Pouvez-vous analyser l'action Apple ?"*

- Spécifique aux Mots-Clés : *"Pouvez-vous analyser l'action Apple en vous concentrant sur son ratio P/E, la croissance des bénéfices trimestriels et le rendement des dividendes pour le dernier trimestre ?"*

6. Demandez des Résumés pour des Informations Complexes

Lorsque vous traitez des informations complexes, comme des rapports financiers détaillés ou des analyses de marché, demandez à ChatGPT de résumer les points clés. Cela peut aider à saisir rapidement les informations essentielles.

Exemple :

- Demande : *"Résumez les points clés du rapport financier annuel 2023 d'Apple."*

7. Précisez le Niveau de Détail Souhaité

Selon vos besoins, spécifiez si vous souhaitez une analyse détaillée ou un aperçu rapide. Cela aide à gérer la profondeur de la réponse.

Exemple :

- Bref : *"Donnez-moi un aperçu rapide des tendances actuelles sur le marché des cryptomonnaies."*
- Détaillé : *"Fournissez une analyse détaillée des tendances actuelles sur le marché des cryptomonnaies, y compris les principaux moteurs, les changements de volume et le sentiment du marché."*

8. Demandez des Explications sur le Jargon et les Concepts Complexes

Si vous n'êtes pas familier avec des termes ou des concepts spécifiques, demandez à ChatGPT de les expliquer. Cela peut améliorer votre compréhension et vous aider à prendre des décisions plus éclairées.

Exemple :

- **prompt** : *"Expliquez ce qu'est un 'short squeeze' et donnez des exemples récents du marché boursier."*

En appliquant ces techniques pour affiner vos prompts, vous pouvez améliorer la qualité et l'applicabilité des informations que vous recevez de ChatGPT, en faisant un outil plus puissant dans votre stratégie de trading.

Note Importante sur la Gestion des Informations Récentes dans les Requêtes de Marché

Lorsque vous utilisez ChatGPT pour des requêtes liées au trading, il est crucial de reconnaître les limitations concernant la fraîcheur des informations. Les données de formation de ChatGPT incluent une vaste gamme de sources et des informations historiques jusqu'à un certain point, mais n'incluent pas de mises à jour en temps réel. Cette limitation est significative dans le contexte du trading où les conditions du marché peuvent changer rapidement et où des informations opportunes sont essentielles pour prendre des décisions éclairées.

Trading et IA

Gérer le Besoin d'Informations à Jour

Bien que ChatGPT fournisse des perspectives solides basées sur des données historiques et des modèles appris, il peut ne pas toujours disposer des informations les plus récentes pour les données de marché actuelles ou les dernières nouvelles financières. Dans les situations où les développements récents sont cruciaux pour vos décisions de trading, je recommande une approche spécifique :

Utilisation des Requêtes de Recherche Directe : Pour obtenir les informations les plus récentes, envisagez d'utiliser directement des moteurs de recherche en temps réel ou des plateformes de nouvelles financières. Vous pouvez améliorer votre interaction avec les outils d'IA disposant de capacités de navigation en temps réel en préfaçant votre prompt par des directives telles que "rechercher sur Bing". Cette méthode incite l'IA à extraire les données les plus récentes du web, vous fournissant des perspectives en temps réel.

Exemple :

- Prompt Standard : *"Quel est le dernier prix du Bitcoin ?"*
- Prompt Améliorée pour de l'info à jour : *"Rechercher sur Bing : Quel est le dernier prix du Bitcoin ?"*

Conseil pour une Utilisation Efficace des Requêtes de Données en Temps Réel

Lorsque vous avez besoin des dernières données de marché ou des mises à jour de nouvelles et que vous utilisez un outil d'IA capable de recherches en temps réel, formuler vos prompts avec une directive pour rechercher des ressources en ligne peut améliorer considérablement la pertinence et la précision des informations :

- Soyez Spécifique : Définissez clairement les informations spécifiques dont vous avez besoin, telles que les prix, les indicateurs économiques ou l'impact des nouvelles récentes sur une action ou un secteur spécifique.

- Utilisez des Mots-Clés : Incorporez des mots-clés pertinents qui peuvent aider à obtenir des informations précises des moteurs de recherche ou des bases de données.

Considérations Finales

Bien que l'IA comme ChatGPT offre d'énormes avantages en termes d'analyse de grands ensembles de données et de génération de perspectives prédictives basées sur des données historiques, pour les décisions de trading qui reposent sur les informations les plus récentes, complétez toujours les perspectives de l'IA avec des données en temps réel obtenues directement par le biais de recherches en direct ou de mises à jour provenant de sources de nouvelles financières fiables. Cette approche garantit que vos stratégies de trading sont à la fois informées par l'analyse des données historiques et alignées sur les conditions de marché les plus récentes, vous offrant une perspective bien équilibrée pour prendre des décisions de trading.

Apprentissage Continu

Comment utiliser les résultats des décisions de trading assistées par l'IA pour affiner les interactions et stratégies futures avec ChatGPT.

Utiliser les résultats des décisions de trading assistées par l'IA pour affiner les interactions et stratégies futures avec ChatGPT implique un processus d'apprentissage et d'adaptation continus. Cette approche itérative non seulement améliore la précision de votre stratégie de trading, mais aussi l'efficacité de votre communication avec ChatGPT. Voici comment vous pouvez mettre cela en œuvre dans votre trading :

Étape 1 : Enregistrer les Résultats et Retours

Suivi des Performances :

- Enregistrement Détaillé : Pour chaque décision de trading assistée par ChatGPT, enregistrez le résultat. Cela inclut les conseils donnés, les décisions prises sur la base de ces conseils et les performances résultantes.

- Boucle de Rétroaction : Créez un mécanisme de rétroaction pour évaluer l'efficacité des conseils de ChatGPT. L'information était-elle précise et utile ? Les conseils ont-ils conduit à des résultats réussis ?

Exemple :

Si ChatGPT a suggéré d'acheter une action particulière en fonction de sa volatilité et de son potentiel de croissance, notez comment cette action a performé sur une période donnée par rapport aux benchmarks du marché et du secteur.

Étape 2 : Analyser les Données

Identifier les Modèles et Anomalies :

- Revue des Performances : Analysez régulièrement les données suivies pour identifier les modèles ou les problèmes récurrents. Y a-t-il certains types de conseils ou de conditions spécifiques sous lesquelles les recommandations de ChatGPT tendent à réussir ou à échouer ?

- Ajustements : En fonction de vos découvertes, déterminez si la manière dont vous interrogez ChatGPT nécessite un affinement. Peut-être faut-il fournir des contextes plus spécifiques pour améliorer la pertinence et la précision des réponses.

Exemple :

Si vous remarquez que les recommandations de ChatGPT sur les trades à court terme sont systématiquement sous-performantes, cela pourrait indiquer un besoin d'ajuster la manière dont vous posez des questions sur le timing du marché ou de fournir des données de marché plus détaillées.

Étape 3 : Affiner les Interactions

Optimiser les Requêtes :

- Précision des Demandes : Affinez la formulation de vos questions en fonction de l'analyse. Si des requêtes détaillées produisent de meilleurs résultats, assurez-vous d'incorporer plus de spécificités dans vos invites.

- Mises à Jour Contextuelles : Au fur et à mesure que vous accumulez des données, fournissez à ChatGPT des contextes mis à jour et des informations plus nuancées pour l'aider à générer des conseils mieux adaptés.

Exemple :

Au lieu de demander "Dois-je acheter des actions technologiques aujourd'hui ?", affinez votre question en "Étant donné la hausse de 5 % de la volatilité du secteur technologique cette semaine, devrais-je ajuster mon portefeuille d'actions technologiques aujourd'hui ?"

Étape 4 : Implémenter des Ajustements Stratégiques

Mise en Œuvre des Retours :

- Affinement des Stratégies : Utilisez les informations issues de votre analyse continue pour ajuster votre stratégie de trading globale. Cela pourrait inclure une allocation d'actifs plus ciblée, des tactiques de gestion des risques révisées ou des points d'entrée et de sortie ajustés.

- Apprentissage Continu : Mettez en œuvre un plan d'apprentissage continu où ChatGPT est régulièrement mis à jour avec de nouvelles informations et des retours sur ses

Trading et IA

performances passées. Cela permet de maintenir le modèle pertinent et aligné avec les changements du marché.

Exemple :

Si l'analyse montre que ChatGPT est performant dans les marchés stables mais pas dans les conditions volatiles, vous pourriez choisir de vous fier davantage à ses conseils pendant certaines phases du marché et moins pendant d'autres.

Étape 5 : Évoluer et Étendre

Expansion des Cas d'Utilisation :

- Élargir la Portée : Au fur et à mesure que vous affinez votre utilisation de ChatGPT, envisagez d'étendre les types de décisions de trading et d'analyse où vous utilisez l'IA. Cela peut inclure une analyse économique plus large, des tendances du marché international ou différentes classes d'actifs.

- Intégration avec d'Autres Outils : Envisagez d'intégrer ChatGPT avec d'autres outils d'IA et plateformes pour améliorer votre système de trading, en utilisant ChatGPT pour l'analyse qualitative et d'autres outils pour l'analyse quantitative.

Exemple :

Combinez les insights de ChatGPT avec des données quantitatives provenant de modèles de trading algorithmique pour développer une stratégie de trading hybride qui tire parti à la fois des insights qualitatifs et des données quantitatives.

Le Processus Itératif d'Interaction avec l'IA et d'Apprentissage des Succès et Échecs

L'apprentissage continu dans le contexte de l'interaction avec l'IA, comme ChatGPT, en trading implique un processus itératif de dialogue, d'application, de réflexion et d'ajustement. Ce processus aide les traders à affiner leur utilisation de l'IA au fil du temps, en apprenant des succès et des échecs pour optimiser la prise de décision et améliorer les résultats. Voici un aperçu plus approfondi de chaque étape de ce processus itératif :

Dialogue

L'interaction initiale avec l'IA implique de poser des questions ou de chercher des conseils basés sur les besoins actuels de trading. Un dialogue efficace nécessite des invites précises et riches en contexte, comme mentionné précédemment. Le trader doit être clair sur les informations ou l'analyse nécessaires et fournir suffisamment de détails pour que l'IA génère des réponses pertinentes et précises.

Exemple : Un trader pourrait demander à ChatGPT, "Quels sont les impacts potentiels de la prochaine décision de la Réserve fédérale sur le marché obligataire ?" Cette demande spécifique crée un cadre ciblé pour que l'IA fournisse des insights pertinents.

Application

Une fois que le trader reçoit des conseils ou une analyse de l'IA, l'étape suivante consiste à appliquer ces informations aux décisions de trading réelles. Cela peut signifier exécuter des trades basés sur les recommandations de l'IA ou ajuster une stratégie de trading pour s'aligner avec les insights fournis.

Exemple : Si ChatGPT prédit que les taux d'intérêt vont probablement augmenter et impacter négativement les prix des obligations, le trader pourrait décider de réduire l'exposition aux obligations à long terme sur la base de cette prévision.

Réflexion

Après avoir mis en œuvre des décisions basées sur les interactions avec l'IA, le trader réfléchit aux résultats. Cette réflexion doit se concentrer sur l'évaluation de la précision et de l'efficacité des insights fournis par l'IA, et sur la manière dont les décisions ont impacté les résultats de trading. La réflexion aide à identifier ce qui a bien fonctionné et ce qui n'a pas fonctionné.

Exemple : Si la décision de vendre des obligations avant la hausse des taux a entraîné un profit ou a évité des pertes, cela serait considéré comme un succès. Si le marché a réagi différemment que prévu et que la décision a conduit à des opportunités manquées ou à des pertes, cela nécessiterait une analyse plus approfondie.

Ajustement

Sur la base de la phase de réflexion, le trader apporte des ajustements à la fois à l'approche de l'interaction avec l'IA et aux stratégies de trading employées. Cela peut impliquer de changer la manière dont les questions sont formulées, de fournir différents types d'informations à l'IA ou de réévaluer les types de stratégies de trading où les conseils de l'IA sont utilisés.

Exemple : Si le trader constate que les prévisions de l'IA sont fréquemment erronées dans des conditions de marché volatiles, il pourrait ajuster en cherchant des insights de l'IA pour des conditions moins volatiles ou en affinant les données d'entrée utilisées pendant les périodes volatiles.

Boucle de Rétroaction

La boucle de rétroaction continue implique de mettre régulièrement à jour l'IA avec de nouvelles informations et les résultats des conseils passés. Cela permet de maintenir le modèle d'IA bien informé et d'améliorer sa précision et sa pertinence futures.

Exemple : Continuer d'entrer des données de marché mises à jour, les résultats des trades influencés par les conseils de l'IA et les ajustements des dynamiques de marché dans ChatGPT aide à entraîner le modèle pour de meilleures performances futures.

Évoluer et Étendre

À mesure que la confiance dans les capacités de l'IA grandit et que le trader devient plus habile à interagir avec l'IA, il peut y avoir des opportunités pour étendre l'utilisation de l'IA à plus de types de décisions de trading et pour intégrer d'autres outils d'IA pour des analyses plus complexes.

Exemple : Élargir l'utilisation de l'IA pour inclure l'analyse des marchés internationaux, intégrer des outils quantitatifs basés sur l'IA ou utiliser l'IA pour l'évaluation des risques en temps réel.

Trading et IA

Le processus itératif d'interaction avec l'IA en trading est une expérience d'apprentissage dynamique qui s'améliore au fil du temps. En dialoguant, appliquant, réfléchissant et ajustant continuellement, les traders peuvent améliorer leurs approches stratégiques et utiliser l'IA de manière plus efficace pour obtenir de meilleurs résultats en trading.

Ce cycle améliore non seulement la prise de décision individuelle, mais fait également évoluer la stratégie de trading globale pour qu'elle soit plus adaptative et intelligente.

Conclusion : Tirer Parti de ChatGPT dans le Trading

Récapitulatif des Principaux Avantages

Utiliser ChatGPT dans le trading offre plusieurs avantages distincts qui peuvent considérablement améliorer la capacité d'un trader à prendre des décisions éclairées et à gérer son portefeuille plus efficacement :

- Analyse de Marché Améliorée : ChatGPT peut rapidement digérer et résumer une vaste quantité de données financières et d'actualités, fournissant aux traders des informations concises et exploitables qui nécessiteraient autrement beaucoup de temps à compiler.

- Accessibilité aux Insights Complexes : Avec ses capacités avancées de NLP, ChatGPT démocratise l'accès aux analyses complexes de trading et aux prévisions économiques, qui seraient autrement accessibles uniquement aux professionnels disposant de compétences analytiques avancées.

- Gestion des Risques : En discutant des risques potentiels et en générant des scénarios, ChatGPT aide les traders à identifier et à atténuer les risques financiers avant qu'ils n'impactent les portefeuilles.

- Prise de Décision Efficace : ChatGPT peut rationaliser les processus de prise de décision, réduisant le temps entre l'analyse et l'action, permettant aux traders de réagir plus rapidement aux changements du marché.

- Apprentissage Continu et Adaptation : ChatGPT soutient un processus d'apprentissage itératif, permettant aux traders d'affiner leurs stratégies en fonction des résultats passés et des interactions continues avec l'IA, améliorant ainsi continuellement leur approche.

Encouragement à Explorer les Outils d'IA

Le paysage du trading évolue rapidement, les technologies d'IA étant à l'avant-garde de cette transformation. Il est donc crucial pour les traders d'embrasser et d'intégrer ces outils dans leurs stratégies :

- Rester Curieux et Informé : Le monde de l'IA est en constante évolution. Rester curieux et informé des nouveaux développements et technologies peut fournir un avantage concurrentiel. Explorer régulièrement les nouveaux outils d'IA et les mises à jour des plateformes existantes comme ChatGPT peut découvrir de nouvelles opportunités pour améliorer les pratiques de trading.

- Adopter l'Expérimentation : Le meilleur moyen de comprendre le potentiel de l'IA dans le trading est par l'expérience pratique. Les traders doivent expérimenter différents outils d'IA pour voir lesquels complètent le mieux leur style et leurs objectifs de trading. Cela peut inclure l'utilisation de l'IA pour différents aspects du trading, tels que l'analyse prédictive, les systèmes de trading automatisés ou l'analyse des sentiments.

- Investir dans l'Apprentissage : L'intégration de l'IA nécessite une compréhension fondamentale de la façon dont ces outils fonctionnent et de leurs implications pour le trading. Investir du temps pour apprendre l'IA, via des cours, des webinaires ou des auto-apprentissages, peut être immensément bénéfique. La connaissance permet aux traders d'utiliser l'IA de manière plus efficace et responsable.

- S'adapter et Innover : À mesure que les marchés évoluent, il en va de même pour les stratégies de trading. Les outils d'IA comme ChatGPT font partie d'une tendance plus large vers des environnements de trading plus basés sur les données et automatisés. S'adapter à ces changements implique non seulement d'adopter de nouveaux outils, mais aussi d'innover sur la façon dont ils sont appliqués pour rester compétitif et rentable.

Exemple 'Quick Win" avec ChatGPT : Optimiser Votre Portefeuille de Trading

Pour une application pratique et immédiate de ChatGPT dans vos activités de trading, envisagez cet exemple rapide : prenez une capture d'écran de votre portefeuille de trading actuel et demandez à ChatGPT de l'analyser et de suggérer des optimisations.

Il suffit de télécharger la capture d'écran sur une plateforme où ChatGPT est intégré et de taper : "Comment puis-je optimiser ce portefeuille pour de meilleures performances ?" ChatGPT peut fournir des insights sur la diversification, les zones de risque potentiel, et suggérer des ajustements pour améliorer la résilience et le potentiel de croissance global de votre portefeuille. Cette interaction directe démontre non seulement la capacité de ChatGPT à analyser en temps réel, mais aussi à offrir des recommandations exploitables à mettre en œuvre immédiatement.

Essayez pour voir comment l'IA peut immédiatement impacter votre stratégie de trading !

Trading et IA

Réflexions Finales

L'intégration des outils d'IA comme ChatGPT dans les stratégies de trading représente une avancée significative dans la manière dont les traders interagissent avec les marchés. En tirant parti de la gamme complète de capacités offertes par l'IA, les traders peuvent améliorer leur prouesse analytique, améliorer la prise de décision et mieux gérer les risques. Encourager une mentalité d'apprentissage et d'adaptation continue garantira que les traders peuvent rester à la pointe dans le paysage en constante évolution du trading. Adoptez l'IA et laissez-la transformer votre parcours de trading en une expérience plus informée, efficace et adaptive.

ANNEXES
Mise à jour 2025 : Les outils IA pour le trading, testés et notés

Lorsque mon livre *Trading et IA : La Nouvelle Ère de l'Investissement Intelligent* est paru en juin 2024, l'intelligence artificielle faisait déjà une entrée fracassante dans l'univers du trading. Un an plus tard, force est de constater que le paysage a continué d'évoluer à grande vitesse, avec de nouveaux acteurs, de nouvelles promesses... et parfois aussi de nouvelles illusions.

C'est pourquoi cette annexe 2025 vous propose une **mise à jour complète et comparative des outils IA actuellement disponibles pour les traders particuliers et professionnels**. Des plateformes classiques aux assistants dopés au machine learning, des bots crypto aux terminals open-source, **vous trouverez ici une sélection commentée, testée, et évaluée outil par outil**.

Chaque fiche suit un format standard : description, domaines couverts, modalités (gratuit, payant, freemium), et surtout **notation sur cinq critères clés** :

- Analyse technique,
- Analyse fondamentale,
- Prédiction de marché,
- Analyse de sentiment,

Trading et IA

- Automatisation de stratégies.

Et pour ceux qui aiment aller droit au but : une **note globale perçue par les utilisateurs** conclut chaque fiche.

Disons que si un célèbre guide gastronomique testait les IA de trading plutôt que les bistrots étoilés, **ces fiches en seraient l'équivalent numérique... sans tablier, mais avec beaucoup de rigueur et une pincée d'ironie.**

Vous n'y trouverez pas de miracles, mais des outils concrets, des retours d'usage, et parfois aussi... quelques belles surprises.

Bonne exploration, et surtout, **que votre stratégie reste humaine, même quand votre bot fait le boulot.**

— *Aymeric Illab, juin 2025*

Trading et IA

Nom de l'outil : Trade Ideas (HOLLY AI)

Type : Plateforme complète (SaaS)
Marchés couverts : Actions (principalement US), ETFs
Modalité : Payant (abonnement mensuel ou annuel)

Description :

Trade Ideas est une plateforme d'analyse boursière puissante entièrement dédiée aux actions américaines. Son moteur d'intelligence artificielle, appelé **HOLLY**, analyse chaque nuit des millions de scénarios sur des centaines d'actions, puis sélectionne les meilleures opportunités de trading intraday pour le lendemain. HOLLY génère des **signaux en temps réel** tout au long de la journée selon des modèles statistiquement validés.

Outre HOLLY, Trade Ideas intègre un scanner en direct extrêmement rapide, un simulateur de stratégie (**OddsMaker**) pour tester les setups sur données historiques, et une intégration possible avec Interactive Brokers pour l'exécution automatique. Très prisée des traders professionnels, la plateforme a néanmoins une courbe d'apprentissage relativement raide.

Évaluation :

- **Analyse technique :** 5/5
  Excellent moteur de reconnaissance de patterns techniques en temps réel, avec backtests puissants.

- **Analyse fondamentale :** 1/5
  La plateforme est exclusivement axée sur les aspects techniques, sans valorisation ou données financières

poussées.

- **Prédiction de marché :** 5/5
  HOLLY fournit des recommandations intraday basées sur des modèles d'IA testés statistiquement.

- **Analyse de sentiment :** 1/5
  Aucun module de traitement des sentiments ou des nouvelles.

- **Automatisation de stratégies :** 4/5
  Intégration possible avec un courtier comme Interactive Brokers pour exécuter automatiquement les signaux. Pas de langage no-code, mais exécution automatique disponible.

Note globale perçue par les utilisateurs : ☆☆☆☆½

Très apprécié des traders actifs, avec une note moyenne d'environ 4,7/5. L'outil est considéré comme l'un des meilleurs pour le **trading quantitatif sans codage** orienté technique.

Trading et IA

Nom de l'outil : StockHero

Type : Assistant IA / Plateforme de bots
Marchés couverts : Actions (via courtiers comme Webull, TradeStation), cryptomonnaies (limité)
Modalité : Freemium (1 bot gratuit, puis abonnements pour plus de fonctionnalités)

Description :

StockHero est une plateforme de création de bots de trading accessible sans codage, orientée vers les actions américaines. Elle propose une interface intuitive pour construire des stratégies automatisées à l'aide de règles simples basées sur des indicateurs techniques, des niveaux de prix, ou des scénarios temporels.

La version récente introduit une **IA conversationnelle** qui permet de générer un bot via des prompts ("Je veux un bot qui achète Tesla quand le RSI est bas"). On peut aussi **louer des stratégies de bots préconçues** dans une marketplace intégrée. L'exécution se fait via API en se connectant à son courtier, et l'on peut tester ses stratégies avec un **mode simulation / backtesting**.

Évaluation :

- **Analyse technique :** 3/5
  Outils d'indicateurs techniques intégrés, mais pas aussi avancés que sur des plateformes comme TradingView ou MetaStock.

- **Analyse fondamentale :** 1/5
  Aucune donnée financière ou scoring fondamental intégré.

Trading et IA

- **Prédiction de marché :** 3/5
  IA utilisée pour générer des bots à partir d'intentions, mais les prédictions reposent sur les règles définies, pas sur des modèles auto-apprenants complexes.

- **Analyse de sentiment :** 1/5
  Pas d'intégration de données issues des médias ou réseaux sociaux.

- **Automatisation de stratégies :** 5/5
  Exécution 24/7 sur les comptes utilisateurs connectés. Les bots peuvent être lancés, arrêtés et modifiés facilement.

Note globale perçue par les utilisateurs : ☆☆☆☆

Généralement bien noté (~4/5), surtout apprécié pour sa simplicité et sa rapidité de mise en place. La version gratuite permet de se faire la main, ce qui en fait un bon point d'entrée dans le trading automatisé.

Trading et IA

Nom de l'outil : TrendSpider

Type : Plateforme complète (web)
Marchés couverts : Actions, ETFs, Futures, Cryptomonnaies
Modalité : Payant (essai gratuit, puis abonnements mensuels ou annuels)

Description :

TrendSpider est une plateforme d'analyse technique intelligente conçue pour automatiser les tâches fastidieuses du chartisme traditionnel. Elle propose la **détection automatique de figures techniques**, de niveaux de support/résistance, de lignes de tendance, ainsi que l'analyse multi-timeframes synchronisée. Elle est très prisée pour son **backtesting avancé**, ses alertes intelligentes et son **scanner de marché**.

TrendSpider ne propose pas d'exécution directe de trades, mais permet de générer des alertes très précises et de configurer des stratégies semi-automatiques. Elle intègre également des actualités financières, des flux de tweets financiers et des indicateurs fondamentaux de base (notamment pour les actions US).

Évaluation :

- **Analyse technique :** 5/5
  Référence dans le domaine, avec reconnaissance automatique de figures, chartisme dynamique et outil de backtest très visuel.

- **Analyse fondamentale :** 2/5
  Quelques indicateurs (résultats financiers, insider trading,

Trading et IA

news économiques), mais ce n'est pas l'axe principal.

- **Prédiction de marché :** 3/5
  L'IA identifie des patterns avec une probabilité de cassure, mais pas de prédictions de prix autonomes.

- **Analyse de sentiment :** 2/5
  Intègre des flux StockTwits et Twitter, mais l'analyse sémantique du contenu reste limitée.

- **Automatisation de stratégies :** 3/5
  Possibilité d'automatiser les alertes et scans, mais pas d'exécution automatique sans passer par une tierce plateforme.

Note globale perçue par les utilisateurs : ☆☆☆☆

Note moyenne autour de 4/5. Les utilisateurs apprécient la puissance des outils d'analyse technique et la rapidité d'interprétation graphique. Idéal pour les traders visuels et les swing traders.

Trading et IA

Nom de l'outil : OpenBB Terminal

Type : Terminal financier open-source avec assistant IA intégré
Marchés couverts : Actions, Cryptomonnaies, Options, Macro-économie (Futures via données indirectes)
Modalité : Gratuit (open-source), options premium pour les entreprises

---

Description :

OpenBB Terminal (anciennement Gamestonk Terminal) est un **outil open-source ultra complet** destiné aux analystes, investisseurs et chercheurs. Il offre un accès unifié à de nombreuses **bases de données financières publiques** (Yahoo Finance, Finnhub, FRED, Messari, etc.) via une interface en ligne de commande (CLI), ou via interface web/graphique (GUI).

Il intègre des modules pour l'analyse **technique**, **fondamentale**, **macroéconomique** et **quantitative**, ainsi qu'un **agent IA basé sur LLM** pour interagir en langage naturel avec les données. Il permet aussi de tester des modèles de machine learning, d'appliquer des algos prédictifs, et de personnaliser des rapports automatisés avec Python.

Évaluation :

- **Analyse technique :** 4/5
  Accès à de nombreux indicateurs et visualisations personnalisables. Interfaces un peu techniques mais puissantes.

- **Analyse fondamentale :** 5/5
  Très riche : états financiers, ratios, comparaisons

Trading et IA

inter-sociétés, données macro et sectorielles.

- **Prédiction de marché :** 4/5
  Des modèles de machine learning sont intégrés pour prédire des tendances à partir des historiques.

- **Analyse de sentiment :** 4/5
  Intègre des scores de sentiment via API (ex. Finnhub, News Sentiment Score), et données sociales accessibles.

- **Automatisation de stratégies :** 1/5
  Pas d'exécution de trades intégrée. C'est un **outil de recherche et d'analyse**, pas de bot de trading.

Note globale perçue par les utilisateurs : ☆☆☆☆☆

Extrêmement bien reçu par la communauté open-source et financière. Note autour de **4,9/5** sur ProductHunt. Outil très puissant, notamment pour les utilisateurs techniques et les data scientists. Gratuité + personnalisation illimitée = gros avantage.

Nom de l'outil : Tickeron

Type : Plateforme web (marketplace d'algorithmes IA)
Marchés couverts : Actions, Cryptomonnaies, ETFs (Options partiellement via robots sectoriels)
Modalité : Freemium (accès de base gratuit, fonctionnalités IA avancées payantes)

Description :

Tickeron est une plateforme de **trading assisté par intelligence artificielle**, offrant une large sélection de **robots de trading** configurables et testés, appelés « AI Robots ». Ces algorithmes détectent des patterns graphiques (figures chartistes, cassures techniques), génèrent des signaux d'achat/vente, et fournissent un **pourcentage de probabilité de réussite** fondé sur des données historiques.

L'interface permet aux utilisateurs d'explorer des stratégies préconçues, d'en créer de nouvelles sans coder, ou de suivre les signaux d'IA sur différents actifs. L'outil inclut également des backtests, des alertes personnalisables et des analyses comparatives entre algos.

Évaluation :

- **Analyse technique :** 4/5
  Forte capacité à détecter automatiquement les figures et à donner des signaux basés sur l'analyse de patterns en temps réel.

- **Analyse fondamentale :** 2/5
  Quelques modules d'évaluation des actions selon leurs

Trading et IA

fondamentaux, mais l'outil reste principalement orienté technique.

- **Prédiction de marché :** 5/5
  IA générant des signaux avec un pourcentage de confiance. Interface claire avec taux de réussite des modèles affiché.

- **Analyse de sentiment :** 2/5
  Pas de traitement direct des flux d'actualité ou des réseaux sociaux. Certains modules complémentaires permettent l'analyse externe.

- **Automatisation de stratégies :** 3/5
  Génère des signaux automatisés, mais nécessite généralement une exécution manuelle (intégrations limitées avec courtiers).

Note globale perçue par les utilisateurs : ☆☆☆☆

Environ 4/5. Les utilisateurs apprécient la variété des robots IA et la clarté des signaux. L'outil peut paraître complexe pour les débutants, mais est reconnu pour sa puissance et ses options avancées.

Trading et IA

Nom de l'outil : BlackBoxStocks

Type : Plateforme de trading social avec scanner IA intégré
Marchés couverts : Actions et Options (principalement marchés US)
Modalité : Payant (abonnement mensuel)

Description :

BlackBoxStocks est une plateforme en temps réel qui combine **analyse de marché assistée par IA**, alertes automatisées et **trading communautaire**. Son algorithme scanne des milliers d'actions et d'options pour détecter les **volumes inhabituels**, les mouvements soudains et les **activités anormales dans les dark pools**.

Les utilisateurs reçoivent des alertes instantanées sur les opportunités détectées (notamment pour le day trading) et peuvent interagir avec une communauté active via un **chat en direct** intégré. L'interface propose aussi des graphiques, des analyses partagées par les membres et des modules de visualisation de l'activité du marché.

Évaluation :

- **Analyse technique :** 4/5
  Bons outils graphiques et détection de variations brutales de volume, surtout utile pour les day traders.

- **Analyse fondamentale :** 1/5
  Aucune fonctionnalité intégrée liée à l'analyse des fondamentaux ou de la valeur intrinsèque.

- **Prédiction de marché :** 4/5
  Très bon système d'alerte basé sur les flux de marché (options, dark pools), détectant les mouvements avant qu'ils

Trading et IA

n'explosent.

- **Analyse de sentiment :** 1/5
  Pas d'analyse automatique de sentiment. Les échanges dans le chat communautaire jouent ce rôle de manière indirecte.

- **Automatisation de stratégies :** 2/5
  Possibilité de connecter un courtier pour exécuter les ordres, mais pas de bots ou d'automatisation complète native.

Note globale perçue par les utilisateurs : ☆☆☆☆½

Très populaire auprès des traders options et momentum. Les retours internes donnent une note quasi parfaite (5/5), mais les évaluations externes tendent vers **4,5/5**. Apprécié pour sa réactivité et son aspect communautaire.

Trading et IA

Nom de l'outil : LevelFields

Type : Plateforme d'analyse événementielle alimentée par IA
Marchés couverts : Actions US (environ 6 300 titres), Options
Modalité : Payant (deux niveaux d'abonnement)

Description :

LevelFields est un outil unique en son genre, axé sur les **catalyseurs fondamentaux**. Il analyse en continu les **rapports financiers, annonces de fusions/acquisitions, changements de dirigeants, réglementations, etc.**, pour détecter les événements susceptibles de provoquer un mouvement significatif du cours d'une action.

Il propose plus de **100 stratégies prêtes à l'emploi**, avec alerte lorsque des conditions similaires se reproduisent. Chaque événement détecté est accompagné de statistiques historiques (win-rate, rendement moyen post-événement, volatilité attendue) pour **aider à anticiper les réactions de marché**.

Évaluation :

- **Analyse technique :** 1/5
  Très peu de fonctionnalités techniques. L'outil se concentre uniquement sur les événements fondamentaux.

- **Analyse fondamentale :** 5/5
  Analyse approfondie des données fondamentales et des événements ayant historiquement un impact fort sur le cours des actions.

- **Prédiction de marché :** 5/5
  Fournit des idées de trades à forte probabilité sur la base de

Trading et IA

données historiques et de scénarios événementiels.

- **Analyse de sentiment :** 2/5
   L'impact d'un communiqué de presse peut être pris en compte de façon indirecte (ex : changement de CEO), mais il n'y a pas de module de sentiment autonome.

- **Automatisation de stratégies :** 2/5
   Génère des signaux, mais l'exécution reste manuelle (pas de bot intégré). Des intégrations à des brokers sont en développement.

Note globale perçue par les utilisateurs : ★☆☆☆

Très bons retours utilisateurs (environ 4/5). La plateforme est saluée pour **la pertinence de ses alertes** et son approche data-driven. Idéale pour les investisseurs « event-driven » ou les swing traders recherchant des catalyseurs puissants.

Trading et IA

Nom de l'outil : Tradytics

Type : Plateforme tout-en-un de trading alimentée par IA et data
Marchés couverts : Actions, Options, Cryptomonnaies
Modalité : Payant (essai gratuit 15 jours, puis abonnement mensuel)

Description :

Tradytics est une suite d'outils de **trading augmentée par intelligence artificielle**. Elle propose des **dashboards de marché dynamiques**, des idées de trades **intraday et swing** basées sur l'analyse de données massives, ainsi que des scanners personnalisables.

Parmi ses points forts, on trouve **Trady Flow** (suivi du flux des options en temps réel), **l'analyse des dark pools**, **les pics d'activité sur réseaux sociaux** et **des alertes IA** sur les mouvements anormaux. Tradytics est aussi fortement intégrée à Discord, avec des bots capables de répondre aux requêtes graphiques, de partager des opportunités ou des visualisations directement dans des salons de trading.

Évaluation :

- **Analyse technique :** 4/5
  Très bons outils de détection de patterns techniques, avec mise à jour en temps réel sur actions et options.

- **Analyse fondamentale :** 1/5
  Données fondamentales quasi absentes, plateforme orientée technique et flux.

Trading et IA

- **Prédiction de marché :** 4/5
  Modèles IA analysant les tendances, anomalies et positions institutionnelles pour générer des signaux.

- **Analyse de sentiment :** 4/5
  Forte couverture des signaux sociaux, pics d'intérêt sur Reddit/Twitter, et traitement des émotions du marché.

- **Automatisation de stratégies :** 3/5
  Alertes et bots automatisés, mais pas d'exécution automatique native (le trading reste manuel via courtier externe).

Note globale perçue par les utilisateurs : ☆☆☆☆

Très bien accueilli, notamment par les traders actifs. Note moyenne autour de 4/5. Interface dense et puissante, mais qui peut être intimidante pour les débutants. Apprécié pour la **richesse de ses données**, surtout sur les flux d'options.

Trading et IA

Nom de l'outil : Cryptohopper

Type : Plateforme cloud de bots de trading automatisé
Marchés couverts : Cryptomonnaies (multi-exchanges supportés)
Modalité : Freemium (essai gratuit, abonnements mensuels pour débloquer toutes les fonctionnalités)

Description :

Cryptohopper est une **plateforme en ligne de création et gestion de bots de trading crypto**. Elle permet aux utilisateurs, même sans expérience en codage, de concevoir, tester et déployer des stratégies automatisées 24/7. Le système comprend un **constructeur de stratégie visuel**, un marketplace avec des stratégies prêtes à l'emploi, et plusieurs types de bots (DCA, arbitrage, market-making).

Un module IA permet aux bots d'**ajuster automatiquement certaines règles** en fonction de leur performance passée. Cryptohopper intègre aussi le **copy trading**, le trailing stop, et une gestion multi-comptes sur différents exchanges via API.

Évaluation :

- **Analyse technique :** 4/5
  Large panel d'indicateurs intégrés, personnalisables dans les stratégies (MACD, RSI, Bollinger, etc.).

- **Analyse fondamentale :** 0/5
  Aucune fonctionnalité d'analyse fondamentale. Le bot ne travaille que sur le comportement des prix.

- **Prédiction de marché :** 3/5
  Le module « AI strategy designer » propose une adaptation

automatique des règles, mais sans prédiction avancée.

- **Analyse de sentiment :** 0/5
  Aucune prise en compte du sentiment marché, pas d'analyse de news ni de réseaux sociaux.

- **Automatisation de stratégies :** 5/5
  Exécution complète des stratégies sur exchanges connectés, avec options avancées de gestion des ordres.

Note globale perçue par les utilisateurs : ☆☆☆☆

Note moyenne d'environ **4/5**. Très populaire auprès des crypto-traders pour sa flexibilité, ses nombreux templates, et la facilité de mise en place. Certains reprochent une complexité croissante selon les abonnements ou une efficacité variable selon les marchés.

Trading et IA

Nom de l'outil : 3Commas

Type : Plateforme web et mobile de trading crypto automatisé
Marchés couverts : Cryptomonnaies (connexion à ~18 exchanges majeurs)
Modalité : Freemium (plans payants Pro pour fonctions avancées)

Description :

3Commas est l'une des plateformes les plus utilisées dans le monde du **trading automatisé de cryptomonnaies**. Elle propose des outils performants pour créer et exécuter des **Smart Trades** (ordres conditionnels avancés), des bots **DCA (achat lissé)**, **Grid bots** (arbitrage de volatilité) et **trading social** via copy trading.

Un module **AI Grid Bot** est intégré pour optimiser automatiquement la grille d'achat/vente en fonction du marché. Les utilisateurs peuvent personnaliser leurs stratégies visuellement ou les importer depuis une marketplace. Gestion de portefeuille, alertes personnalisées et exécutions synchronisées multi-exchanges font aussi partie des atouts.

Évaluation :

- **Analyse technique :** 3/5
  Intégration d'indicateurs simples (RSI, Bollinger, EMA) pour définir des règles de déclenchement de bots.

- **Analyse fondamentale :** 0/5
  Aucune prise en compte de données fondamentales (exclusivement technique ou comportemental).

Trading et IA

- **Prédiction de marché :** 3/5
  L'IA intégrée dans certains bots (Grid) ajuste automatiquement les seuils selon les fluctuations, sans prédictions explicites.

- **Analyse de sentiment :** 0/5
  Pas d'analyse du sentiment du marché ou des news. Les stratégies sont purement algorithmiques.

- **Automatisation de stratégies :** 5/5
  L'un des points forts : bots totalement automatisés, exécution 24/7 sur tous les exchanges reliés via API.

Note globale perçue par les utilisateurs : ☆☆☆☆

Très apprécié pour sa **fiabilité, son interface intuitive et ses nombreuses intégrations**. Moyenne autour de **4/5**, bien que des critiques aient été formulées après une brèche de sécurité API en 2022 (désormais corrigée). Convient aussi bien aux débutants qu'aux traders avancés.

Trading et IA

Nom de l'outil : MetaStock

Type : Logiciel de bureau professionnel (analyse technique & prédiction IA)
Marchés couverts : Actions, Futures, Indices mondiaux
(*Options disponibles via modules complémentaires*)
Modalité : Payant (achat de licence ou abonnement avec flux Reuters Xenith)

Description :

MetaStock est un **logiciel historique d'analyse de marché** particulièrement apprécié des traders techniques professionnels. Il propose plus de **150 indicateurs intégrés**, des outils de **backtesting puissants** sur plus de 30 ans d'historique et un éditeur de systèmes de trading personnalisés.

Le module **MetaStock Forecaster**, propulsé par l'IA, permet de générer des **"nuages de probabilité"** sur les graphiques, offrant une projection des cours futurs en fonction des patterns reconnus sur le passé. L'intégration avec **Reuters Xenith** permet un accès en temps réel aux données fondamentales, économiques et financières. Outil très complet, mais exigeant techniquement, réservé aux utilisateurs Windows.

Évaluation :

- **Analyse technique :** 5/5
  Référence en matière de chartisme et d'indicateurs. Entièrement personnalisable.

- **Analyse fondamentale :** 1/5
  Données fondamentales disponibles via Reuters Xenith, mais

peu exploitées dans les modules natifs.

- **Prédiction de marché :** 4/5
  Le module Forecaster permet des projections probabilistes performantes à partir de modèles d'IA.

- **Analyse de sentiment :** 1/5
  Aucune analyse de sentiment intégrée. Possibilité d'importer des flux, mais sans traitement sémantique natif.

- **Automatisation de stratégies :** 2/5
  Backtesting et scan de stratégies automatisés, mais **pas de trading auto intégré**. Exécution à faire manuellement via broker tiers.

Note globale perçue par les utilisateurs : ☆☆☆☆

Note d'environ **4/5**. Les utilisateurs saluent sa **fiabilité et la puissance de ses outils techniques**, mais l'interface datée et la **courbe d'apprentissage** en rebutent certains. Très apprécié des **techniciens chevronnés** ou anciens utilisateurs de la finance traditionnelle.

Nom de l'outil : VectorVest

Type : Plateforme/logiciel d'analyse systématique et d'aide à la décision
Marchés couverts : Actions (USA, Canada, Europe, Australie, Afrique du Sud), ETF
Modalité : Payant (abonnement mensuel ou annuel)

Description :

VectorVest est une plateforme conçue pour les **investisseurs en actions** à la recherche d'un cadre discipliné. Son approche repose sur trois indicateurs propriétaires :

- **Value** (valeur intrinsèque),
- **Safety** (stabilité financière),
- **Timing** (momentum).

Chaque action est notée automatiquement selon ces critères pour générer des recommandations claires (achat, conserver, vente). La plateforme propose également un **market timing global**, des portefeuilles modèles selon les styles d'investissement (dividende, croissance, agressif, etc.) et un moteur de backtesting pour tester des stratégies sur données historiques.

Son interface est simple à utiliser, même pour les débutants, mais l'analyse est rigide, avec peu de personnalisation.

Évaluation :

- **Analyse technique :** 3/5
  Graphiques intégrés et quelques indicateurs, mais orientés vers la lecture du timing.

- **Analyse fondamentale :** 4/5
  Le scoring "Value" s'appuie sur des données fondamentales solides, modélisées simplement.

- **Prédiction de marché :** 4/5
  Recommandations quotidiennes claires basées sur un moteur propriétaire éprouvé sur données historiques.

- **Analyse de sentiment :** 1/5
  Aucune analyse de sentiment ou de news. Tout est basé sur données chiffrées.

- **Automatisation de stratégies :** 4/5
  Gestion de portefeuille semi-automatisée (rééquilibrage, alertes de vente automatique).

Note globale perçue par les utilisateurs : ☆☆☆☆

Environ **4/5**. Les utilisateurs apprécient sa **clarté et efficacité à long terme**, mais soulignent parfois le **coût élevé** et le manque de flexibilité pour les traders avancés. Idéal pour ceux qui cherchent une méthode éprouvée sans devoir coder.

Nom de l'outil : Finviz (Elite)

Type : Plateforme web de screening et d'analyse boursière
Marchés couverts : Actions US (principalement), Indices, Futures
Modalité : Freemium (version gratuite limitée, version Elite payante)

Description :

Finviz est l'un des **screeners les plus populaires du web**. En version gratuite, il permet déjà de filtrer les actions selon de nombreux critères fondamentaux et techniques. La version **Elite** ajoute l'accès aux **données en temps réel**, à des **alertes personnalisées**, à un **backtester sur 17 ans d'historique**, et à des outils de reconnaissance automatique de patterns graphiques (ex: triangle ascendant, canal baissier).

Il ne permet pas l'exécution des trades, mais s'impose comme **outil de veille incontournable** pour trouver rapidement des opportunités sur les marchés US, visualiser la santé sectorielle avec des heatmaps, ou tester des stratégies visuellement.

Évaluation :

- **Analyse technique :** 4/5
  Identification automatique de configurations chartistes + filtres techniques très variés.

- **Analyse fondamentale :** 3/5
  Nombreux critères fondamentaux (croissance BPA, ROE, endettement, etc.), mais sans analyse qualitative poussée.

- **Prédiction de marché :** 2/5
  Pas de moteur prédictif, mais backtests statistiques sur

Trading et IA

setups identifiés.

- **Analyse de sentiment :** 1/5
  Accès aux news et flux Twitter, mais **pas d'analyse sémantique ni de scoring de sentiment**.

- **Automatisation de stratégies :** 2/5
  Alertes automatiques sur critères atteints, mais **pas d'exécution de trade intégrée**.

Note globale perçue par les utilisateurs : ☆☆☆☆½

Environ **4,5/5**. Finviz Elite est **très apprécié pour sa vitesse, sa simplicité et sa puissance de tri**, notamment chez les swing traders et investisseurs fondamentaux. Très utilisé en complément d'une autre plateforme pour l'exécution des ordres.

Nom de l'outil : TradingView

Type : Plateforme web et mobile de charting, trading social et alertes automatisées
Marchés couverts : Actions, Cryptomonnaies, Futures, Forex, Indices mondiaux
Modalité : Freemium (version gratuite complète, plans Pro/Pro+ payants)

Description :

TradingView est la **référence mondiale des plateformes de graphiques financiers**, alliant puissance d'analyse technique et dimension communautaire. Elle propose plus de **160 indicateurs intégrés**, une reconnaissance automatique de patterns, des outils de dessin avancés, des screeners multi-actifs, des **alertes conditionnelles** et une interface fluide en ligne ou sur mobile.

La communauté y joue un grand rôle : les utilisateurs partagent leurs analyses, idées de trades et scripts en **Pine Script**, le langage maison de la plateforme. Des assistants IA (ex : intégration ChatGPT) commencent à émerger pour aider à coder les indicateurs personnalisés. Elle permet aussi, via **webhooks**, de connecter des brokers externes pour exécuter des ordres.

Évaluation :

- **Analyse technique :** 5/5
  L'outil le plus complet du marché en matière de graphiques, indicateurs et reconnaissance de figures.

- **Analyse fondamentale :** 3/5
  Affichage des données fondamentales de base (PE,

Trading et IA

dividende, ROE...), utilisables dans les filtres.

- **Prédiction de marché :** 2/5
  Pas de moteur prédictif, mais des setups suggérés par IA ou par les utilisateurs via scripts.

- **Analyse de sentiment :** 2/5
  Intègre des idées communautaires, des fils d'actus et une dynamique sociale, mais sans IA sémantique native.

- **Automatisation de stratégies :** 3/5
  Alertes très poussées + exécution possible via **API webhook** vers des brokers ou bots externes (pas de trading auto natif).

Note globale perçue par les utilisateurs : ☆☆☆☆☆

Moyenne de **4,7 à 4,9/5** selon les plateformes. Ultra populaire pour sa **qualité de graphisme, sa réactivité et sa compatibilité universelle**, aussi bien chez les débutants que les professionnels.

Nom de l'outil : QuantConnect

Type : Plateforme cloud / API de trading algorithmique open-source
Marchés couverts : Actions, Options, Futures, Cryptomonnaies
Modalité : Freemium

- **Gratuit** pour l'environnement de backtesting open-source (Lean)

- **Payant** à l'usage pour l'exécution live sur le cloud

Description :

QuantConnect est une **plateforme destinée aux développeurs quantitatifs**. Elle repose sur **Lean**, un moteur open-source ultra-performant permettant le **backtesting massif**, le déploiement de stratégies automatisées et le traitement de données en temps réel.

L'environnement accepte **C# ou Python**, donne accès à d'énormes bases de données historiques (tick, daily, fundamentals, sentiments, etc.), et permet d'intégrer ses propres modèles IA/ML. L'exécution live se fait via API vers des brokers comme Interactive Brokers ou Binance.

Il n'est pas destiné aux utilisateurs sans expérience en programmation, mais il est très puissant pour les quants professionnels ou amateurs confirmés.

Trading et IA

Évaluation :

- **Analyse technique :** 2/5
  À coder soi-même. Pas d'interface de charting native. Tous les indicateurs sont intégrés manuellement.

- **Analyse fondamentale :** 2/5
  Accès à des bases de données fondamentales (Morningstar, Factset, etc.) mais à intégrer dans ses scripts.

- **Prédiction de marché :** 3/5
  Permet d'intégrer ses propres modèles IA ou ML, mais **aucune prédiction fournie clé en main**.

- **Analyse de sentiment :** 2/5
  Possibilité d'intégrer des datasets de sentiment (Ex : RavenPack, Twitter, etc.), mais **pas natif**.

- **Automatisation de stratégies :** 5/5
  Environnement idéal pour automatiser et exécuter en live tout type de stratégie algorithmique.

Note globale perçue par les utilisateurs : ☆☆☆☆

Moyenne autour de **4/5**. Adoré par les développeurs quantitatifs pour sa **puissance et modularité**, mais nécessite un niveau avancé en codage. Moins accessible aux traders non techniques.

Nom de l'outil: CentralCharts

Type: Plateforme communautaire d'analyse technique (réseau social de traders avec IA)
Marchés couverts: Actions, indices, Forex, matières premières, cryptomonnaies
Modalité: Freemium (base gratuite pour analyses partagées, IA Londinia premium sur abonnement)

Description :

CentralCharts permet aux traders de publier et partager librement leurs analyses graphiques sur tous les marchés financiers. Les utilisateurs peuvent suivre leurs instruments ou traders favoris pour identifier de nouvelles opportunités.

La plateforme, associée à ProRealTime depuis 2016, intègre des outils avancés comme un scanner de marché et **Londinia**, une intelligence artificielle générant des analyses techniques automatiques sur l'instrument et l'unité de temps choisis.

Cette IA fournit une opinion objective (tendance haussière/baissière, seuils clés, objectifs de prix) pour guider les décisions de trading, avec un taux de succès annoncé d'environ 64 % sur ses cibles

centralcharts.com.

Évaluation:

- **Analyse technique :** 5/5 (cœur du service, IA dédiée aux graphes et nombreux outils TA)

Trading et IA

- **Analyse fondamentale :** 1/5 (focus principal sur l'analyse graphique, peu d'outils d'analyse fondamentale)

- **Prédiction de marché :** 4/5 (les analyses techniques de l'IA proposent des scénarios avec objectifs de prix

- **Analyse de sentiment :** 1/5 (pas d'analyse de sentiment ou de données réseaux sociaux intégrée)

- **Automatisation de stratégies :** 2/5 (automatisation limitée à la génération d'analyses par l'IA, pas de trading auto intégré)

Note globale perçue par les utilisateurs : ☆☆☆☆½

4,5/5 (excellente, ~4,5★ sur Trustpilot en 2022)

Nom de l'outil: Investing.com

Type: Portail d'information financière et de trading
Marchés couverts: Tous marchés (actions, devises, crypto, matières premières, indices, obligations, etc.)
Modalité: Gratuit (financé par la publicité, offres premium Pro disponibles optionnellement)

Description:

Investing.com est l'une des sources d'informations financières les plus complètes et prisées au monde investing.com. Le site fournit des cotations en temps réel, des graphiques interactifs et des données fondamentales sur des milliers d'actifs. On y trouve un calendrier économique, des actualités et analyses de marché quotidiennes, ainsi que des outils techniques (indicateurs, screener) et des forums de discussion pour chaque instrument. Des **résumés techniques automatisés** indiquent la tendance des indicateurs pour chaque échéance (achat, vente ou neutre). Le portail sert de guichet unique aussi bien pour les traders particuliers que pour les investisseurs à la recherche de données macroéconomiques ou de nouvelles sur les entreprises.

Évaluation:

- **Analyse technique :** 4/5 (graphiques avancés avec indicateurs techniques et signaux de tendance disponibles)

- **Analyse fondamentale :** 4/5 (données financières, calendriers de résultats, actualités macro et micro-économiques fournies)

- **Prédiction de marché :** 2/5 (pas de fonction prédictive dédiée, analyses prévisionnelles limitées aux opinions d'analystes publiées)

Trading et IA

- **Analyse de sentiment :** 3/5 (sentiment de la communauté via les forums et sondages d'utilisateurs sur certaines paires ou actions)

- **Automatisation de stratégies :** 1/5 (plateforme d'information uniquement, pas d'automatisation de trading)

- **Note globale perçue par les utilisateurs:**

Note globale perçue par les utilisateurs : ☆☆☆☆½

4,5/5 (plateforme largement plébiscitée, apps mobiles notées ~4,7★ sur App Store/Google Play)

Trading et IA

Nom de l'outil: Intellectia

Type: Plateforme d'investissement assistée par IA (analyse boursière et crypto)
Marchés couverts: Marchés actions (plus de 6 000 entreprises) et cryptomonnaies
Modalité: Freemium (insights de base gratuits, abonnement premium ~12 $+ par mois pour fonctions avancées)

Description:

Intellectia est une plateforme de nouvelle génération qui utilise l'IA pour fournir des analyses financières pointues de manière simplifiée. Elle offre un **assistant financier IA** capable de traiter actualités, rapports et données de marché en temps réel pour répondre aux questions de l'investisseur.

Ses fonctionnalités incluent un **Stock Picker IA** qui recommande chaque jour les 5 meilleures actions à acheter (stratégie affichant +200 % annuel en backtest), un outil de **Swing Trading** IA sur actions et cryptos, des analyses techniques détaillées avec plus de 100 indicateurs, ainsi que des news résumées automatiquement.

La plateforme intègre aussi des éléments d'analyse fondamentale (par ex. indicateurs d'initiés, notations d'analystes directement sur les graphiques) et permet de suivre les portefeuilles de grands investisseurs (fonds, politiciens).

L'objectif d'Intellectia est de **démocratiser l'intelligence financière** en la rendant accessible aux particuliers avec une interface conviviale.

Trading et IA

Évaluation:

- **Analyse technique :** 5/5 (puissants outils de chartisme et indicateurs techniques pilotés par IA)

- **Analyse fondamentale :** 4/5 (agrégation de news, résultats, transcripts de conférences : une approche « quantamentale »)

- **Prédiction de marché :** 4/5 (l'IA anticipe des opportunités, stock picks quotidiens et signaux basés sur des modèles prédictifs)

- **Analyse de sentiment :** 3/5 (analyse des réseaux sociaux et des nouvelles intégrée en support, sans être l'axe principal)

- **Automatisation de stratégies :** 1/5 (conseils et analyses uniquement – pas de trading auto, l'utilisateur passe ses ordres)

Note globale perçue par les utilisateurs : ☆☆☆☆☆

5/5 (plateforme récente mais très bien notée par la communauté, ~5★ sur Product Hunt et SourceForge)

Trading et IA

Nom de l'outil : Signm

Type: Plateforme d'analyse de marché par IA (actu financière et sentiment social)
Marchés couverts: Marché actions (entreprises cotées principalement)
Modalité: Payant (abonnement premium ~59 $/mois après essai)

Description :

Signm se positionne comme un **co-pilote d'investissement** exploitant l'IA pour analyser en continu les tendances des marchés à partir des médias et des réseaux sociaux.

Chaque jour, la plateforme passe au crible plus de **1 500 articles** de sources financières majeures (CNN, Forbes, Motley Fool, etc.) et plus de **2 millions de posts** sur les réseaux (Twitter, Reddit…).

Elle mesure en temps réel le **sentiment du marché** (bullish, bearish) envers des entreprises, détecte les changements d'opinion et repère les sujets émergents dans les conversations. Grâce à des algorithmes de NLP entraînés sur des contenus financiers, Signm attribue des scores de sentiment aux titres (de -3 à +3) et met en avant les informations les plus pertinentes.

L'objectif est d'offrir aux investisseurs un aperçu instantané de l'humeur du marché et des éventuels catalyseurs cachés, à la manière des stratégies sophistiquées de hedge funds, afin de **prédire les mouvements** de cours et de garder une longueur d'avance.

Outils additionnels : un screener d'actions intégrant ces analyses, et une watchlist intelligente.

Trading et IA

Évaluation:

- **Analyse technique :** 2/5 (peu d'accent sur les graphiques ou indicateurs techniques dans cet outil axé sur l'actualité)

- **Analyse fondamentale :** 3/5 (analyse des news d'entreprise – aspect fondamentaux d'actualité, sans analyse financière chiffrée traditionnelle)

- **Prédiction de marché :** 4/5 (en capturant les signaux faibles du sentiment, l'IA aide à anticiper les retournements de tendance)

- **Analyse de sentiment :** 5/5 (le cœur du service : analyse fine du sentiment public et médiatique sur chaque valeur)

- **Automatisation de stratégies :** 1/5 (pas de fonction de trading auto, l'outil fournit des insights à intégrer dans une stratégie manuelle)

Note globale perçue par les utilisateurs : ★☆☆☆

4/5 (généralement bien accueilli pour sa valeur ajoutée unique, malgré le coût élevé de l'abonnement)

Trading et IA

Nom de l'outil : SignalStack

Type : API/Plateforme d'automatisation d'ordres de trading
Marchés couverts : Multi-marchés (dépend des courtiers connectés : actions, futures, Forex, crypto via exchanges compatibles)
Modalité : Payant (modèle à l'utilisation : ~25 signaux gratuits puis facturation par signal ou forfait mensuel)

Description :

SignalStack est un service orienté **trading algorithmique sans code**. Il sert d'interface universelle pour transformer n'importe quel signal ou alerte de trading en **ordre exécuté automatiquement** auprès de votre courtier ou exchange connecté..

Concrètement, la plateforme reçoit des alertes provenant par exemple de TradingView, d'un algorithme maison ou de toute source tierce, puis les traduit instantanément en ordres d'achat/vente réels sur le compte de trading de l'utilisateur.

Ceci permet aux traders particuliers de bénéficier d'une exécution ultra-rapide et sans intervention, similaire aux fonds quantitatifs, le tout sans développement complexe. SignalStack se veut **fiable et réactif** : traitement en quelques millisecondes pour minimiser le slippage, infrastructure robuste de niveau « entreprise ».

Des logs détaillés et notifications d'exception sont prévus pour un suivi transparent. L'utilisateur peut automatiser à la fois des ordres au marché ou limite en ajustant simplement le contenu du signal envoyé.

Trading et IA

Évaluation:

- **Analyse technique :** 1/5 (SignalStack ne fournit aucune analyse, il exécute des signaux générés ailleurs)

- **Analyse fondamentale :** 1/5 (aucune analyse fondamentale non plus — ce n'est pas une plateforme d'étude de marché)

- **Prédiction de marché :** 1/5 (pas de composante prédictive, purement exécution d'ordres)

- **Analyse de sentiment :** 1/5 (pas de prise en compte du sentiment, sauf si l'utilisateur intègre de tels signaux externes)

- **Automatisation de stratégies :** 5/5 (sa raison d'être : automatiser totalement l'exécution des stratégies de trading définies par l'utilisateur)

Note globale perçue par les utilisateurs : ☆☆☆☆

4/5 (les traders algorithmique avancés apprécient sa fiabilité, seul le prix à l'usage peut constituer un frein)

Nom de l'outil : Scanz

Type : Plateforme de scanning et de trading pour actions en temps réel
Marchés couverts : Actions (marchés US principalement, supporte aussi certaines actions étrangères et penny stocks)
Modalité : Payant (abonnement ~169 $ à 199 $ par mois après 7 jours d'essai gratuit)

Description :

Scanz est un **outil tout-en-un pour les day traders et swing traders** axé sur la réactivité. Il permet de scanner l'ensemble du marché en quelques secondes afin de détecter en temps réel un flux continu d'opportunités de trade.

La plateforme offre plus de **100 filtres** combinables – techniques (ex : rupture de bandes de Bollinger), fondamentaux (ex : capitalisation), de prix/volume, etc. – pour construire des scans ultra-précis ou utiliser des scans préconfigurés par des traders experts. Des alertes instantanées signalent les actions répondant aux critères : nouveaux plus hauts/bas, explosions de volume, blocs d'ordres inhabituels, etc.

Scanz intègre également un **flux d'actualités ultra-rapide** agrégeant plus de 100 sources (dépêches, blogs financiers, filings SEC) avec filtrage avancé, afin de ne manquer aucun événement catalyseur.

L'interface consolide toutes les informations pertinentes sur une valeur dans une fenêtre (graphique avec outils d'annotation, carnet d'ordres niveau 2, time & sales, news, fondamentaux).

Enfin, Scanz développe des fonctions bêta comme l'intégration de courtiers (Interactive Brokers, TD Ameritrade, etc.) pour passer des ordres directement depuis la plateforme, et la surveillance dédiée par session (pré-ouverture, séance, after-market).

En somme, un **panel complet** pour traders actifs recherchant une exécution éclairée et rapide.

Évaluation :

- **Analyse technique :** 5/5 (puissant scanner technique configurable, alerts sur patterns techniques, graphiques intégrés)
- **Analyse fondamentale :** 3/5 (intègre quelques filtres fondamentaux de base et signale les news et dépôts SEC, sans analyse approfondie)
- **Prédiction de marché :** 2/5 (pas de prédiction algorithmique – l'outil fournit des signaux en temps réel, à l'utilisateur de juger la suite)
- **Analyse de sentiment :** 2/5 (pas d'outil de sentiment social, mais le flux d'actus peut indirectement refléter le sentiment du marché)
- **Automatisation de stratégies :** 2/5 (pas de bots de trading complets, mais possibilité d'automatiser des scans et bientôt de relier à un courtier pour exécuter rapidement)

Note globale perçue par les utilisateurs : ☆☆☆☆½

4,5/5 (les traders expérimentés saluent sa richesse fonctionnelle malgré le coût élevé, considérant le service comme « inestimable pour trader actif » scanz.tenereteam.com ; thesovereigninvestor.net)

Nom de l'outil : Imperative Execution

Type : Plateforme d'exécution boursière intelligente (ATS – Système alternatif de trading alimenté par IA)
Marchés couverts : Actions américaines (marché boursier US, via le système **IntelligentCross** ATS)
Modalité : N/A – plateforme institutionnelle (accès indirect via courtiers partenaires, pas d'abonnement utilisateur grand public)

Description :

Imperative Execution est la société à l'origine d'**IntelligentCross**, un système de trading alternatif pour les actions US qui fut le premier à utiliser l'IA pour optimiser la performance d'exécution.

Plutôt qu'une plateforme de trading pour particuliers, il s'agit d'un **lieu d'échange électronique (ATS)** destiné aux courtiers et investisseurs institutionnels. IntelligentCross utilise des algorithmes intelligents pour apparier les ordres de façon différée (matchs discrets en microsecondes) et ainsi améliorer la **découverte de prix** tout en réduisant l'impact de marché (i.e. minimiser le slippage sur les gros ordres).

Imperative Execution a également développé **ASPEN** (Adverse Selection Protection Engine), un moteur qui agit comme un carnet électronique intelligent visant à réduire l'avantage des traders haute fréquence et la sélection adverse.

La plateforme publie en outre un flux de données **IQX** donnant une vue détaillée de toutes les exécutions effectuées via ASPEN pour plus de transparence. En somme, Imperative Execution apporte une **innovation dans la microstructure** des marchés en se servant de l'IA pour améliorer l'équité et l'efficacité des transactions boursières.

Trading et IA

Évaluation :

- **Analyse technique :** 1/5 (non pertinent – ce n'est pas un outil d'analyse de marché, mais un moteur d'exécution)

- **Analyse fondamentale :** 1/5 (aucune analyse financière fournie aux utilisateurs finaux)

- **Prédiction de marché :** 1/5 (pas de prédiction de tendance, seulement optimisation de l'exécution des ordres en interne)

- **Analyse de sentiment :** 1/5 (sans objet pour une plateforme de matching d'ordres)

- **Automatisation de stratégies :** 5/5 (trading entièrement automatisé via l'ATS pour les institutions, avec algos d'exécution avancés)

Note globale perçue par les utilisateurs :

N/A (pas de note utilisateurs grand public ; reconnu dans l'industrie pour l'amélioration des coûts d'exécution)

Nom de l'outil: Kavout

Type: Plateforme d'investissement augmentée par IA
Marchés couverts: Actions (US, et certains marchés internationaux) et cryptomonnaies
Modalité: Freemium (accès gratuit avec fonctionnalités limitées, abonnement Pro pour outils avancés)

Description:

Kavout est une fintech innovante qui combine big data et machine learning pour fournir des insights boursiers de haute volée. Au cœur de la plateforme se trouve **« Kai »**, son moteur d'IA propriétaire, qui analyse des **millions de points de données** – cours, indicateurs techniques, bilans financiers, dépôts réglementaires – ainsi que l'actualité, les blogs et les réseaux sociaux afin de produire une vision la plus précise possible de chaque action.

Les résultats de ces analyses multi-sources sont synthétisés sous la forme du **K Score**, une note prédictive pour chaque action (généralement sur 1–9) qui indique son attractivité relative. Kavout propose en outre un **AI Stock Picker** pour filtrer les meilleures actions du moment, un outil de portefeuille virtuel pour tester les stratégies en **paper trading** avant de risquer du capital réel, et un tableau de bord de **market analysis** avec calendrier des événements affectant la performance des titres.

L'utilisateur peut ainsi découvrir des opportunités d'investissement que l'IA met en évidence (approche *quantamental* qui mélange quantitatif et fondamental). Pour les traders actifs, Kavout offre aussi des **signaux techniques intelligents** (Smart Signals) et même un module conversationnel **InvestGPT** permettant d'interroger l'IA sur les marchés en langage naturel. En résumé, Kavout vise à fournir des **classements prédictifs** et des outils d'aide à la décision dignes d'un hedge fund, mais à la portée de tous.

Trading et IA

Évaluation :

- **Analyse technique :** 4/5 (analyse technique intégrée aux scores via de nombreux indicateurs, signaux techniques disponibles)

- **Analyse fondamentale :** 5/5 (prise en compte massive de données fondamentales et financières dans l'IA ; approche très complète)

- **Prédiction de marché :** 5/5 (le K Score et les classements sont explicitement prédictifs, fruits de modèles de classification/régression IA sur la performance future<u>unite.ai</u>)

- **Analyse de sentiment :** 4/5 (intègre l'analyse de news et réseaux sociaux dans ses calculs, même si moins focalisé « sentiment pur » que Signm)

- **Automatisation de stratégies :** 2/5 (suggère des investissements et permet le paper trading, mais pas d'exécution automatique réelle des trades sur compte utilisateur)

Note globale perçue par les utilisateurs : ☆☆☆☆

4/5 (outil apprécié pour la puissance du **Kai Score**, quelques utilisateurs regrettent une complexité relative et l'absence d'accès direct au trading)

Trading et IA

Nom de l'outil : Pionex

Type : Plateforme d'échange de cryptomonnaies avec bots de trading intégrés
Marchés couverts : Cryptomonnaies (spot et contrats à terme crypto)
Modalité : Gratuit (inscription et usage des bots sans abonnement, frais de transaction fixes de 0,05 % par trade)

Description :

Pionex est un exchange crypto innovant qui se distingue en offrant **16 bots de trading automatisé gratuits** intégrés directement à sa plateformemedium.com.

Les utilisateurs peuvent ainsi déployer facilement des stratégies complexes sans avoir à coder ni connecter de service tiers. Parmi les bots disponibles figurent le **Grid Trading Bot** (achat/vente sur une grille de prix pour profiter de la volatilité latérale), le **DCA Bot** (achat périodique pour lisser le prix d'entrée), le bot d'**Arbitrage** inter-places, le **Trailing Take Profit** (suivi de tendance) ou encore le **Smart Trade bot**, couvrant ainsi les configurations de marché haussier, baissier ou stable.

L'interface simple permet de paramétrer en quelques clics les niveaux de prix, montants et règles du bot, que ce soit sur le site web ou l'application mobile. Avec ses **frais très bas (0,05 %)** et sa liquidité agrégée de différents marchés, Pionex est attractif pour les traders particuliers.

La plateforme met aussi l'accent sur la sécurité (licence MSB américaine, authentification 2FA, liste blanche de retraits) et le support utilisateur.

En somme, Pionex rend le **trading automatisé accessible à tous** – du débutant qui peut utiliser des templates de bots pour « attraper les pumps sans craindre les dumps »apps.apple.com, à l'expert qui

Trading et IA

optimisera finement chaque paramètre – le tout directement sur un échange crypto fiable et réglementé.

Évaluation:

- **Analyse technique :** 3/5 (les bots exploitent des principes techniques ou quantitatifs de base : grille de prix, arbitrage, suivi de tendance – sans offrir d'indicateurs techniques avancés personnalisables par l'utilisateur)

- **Analyse fondamentale :** 1/5 (pas d'analyse fondamentale ou de news incorporées)

- **Prédiction de marché :** 2/5 (pas de prédiction AI, bots à règles fixes ; toutefois les bots comme Grid anticipent implicitement une plage de oscillation du marché)

- **Analyse de sentiment :** 1/5 (aucune prise en compte du sentiment de marché)

- **Automatisation de stratégies :** 5/5 (point fort : 100 % des trades peuvent être automatisés via les 16 bots, exécution 24/7 même hors connexion)

Note globale perçue par les utilisateurs : ☆☆☆☆½

4,5/5 (très bonne satisfaction grâce à la fiabilité et la variété des bots, application notée ~4,3★apps.apple.com)

Trading et IA

Nom de l'outil : ArbitrageScanner.io

Type: Écosystème d'outils d'arbitrage crypto et d'analyse de données blockchain
Marchés couverts: Cryptomonnaies (arbitrages entre échanges centralisés, et entre CEX/DEX pour certains plans)
Modalité: Payant (plusieurs plans d'abonnement mensuels onéreux selon l'étendue des fonctionnalités, destiné aux traders expérimentés)

Description :

ArbitrageScanner.io propose une suite ultra-complète pour les traders cherchant à exploiter les inefficiences de prix sur le marché crypto. La plateforme surveille en temps réel plus de **15 exchanges centralisés** (CEX) et des centaines de DEX via agrégateur, et met à disposition plus de **70 scanners** configurables pour détecter les écarts de prix (spread) exploitables entre plateformes.

On y trouve des modules d'**arbitrage spot/spot**, **spot/futures** et même **futures/futures**, avec calcul en continu de milliers de spreads par seconde. L'utilisateur peut paramétrer des alertes (via web ou Telegram) lorsque certaines conditions d'arbitrage sont réunies, avec des filtres flexibles (sélection des exchanges à acheter/vendre, liste blanche/noire de certains coins, prise en compte des frais et délais de transfert, etc.).

Au-delà de l'arbitrage, la plateforme a développé un volet **analyse de données on-chain et de sentiment** : un outil de **Wallet Analysis** permet d'éplucher l'activité de portefeuilles crypto sur 5 blockchains (idéal pour suivre les « whales »), un module d'**AI Assistant** répond aux questions en langage naturel, et des scanners de messages **Telegram/Reddit** détectent les tendances ou signaux issus des communautés en ligne.

Trading et IA

ArbitrageScanner se positionne ainsi comme un **service professionnel intégré** couvrant l'arbitrage, le sentiment et les données blockchain, accessible via une interface web, des bots Telegram, ou via API/licence logicielle pour les clients institutionnels. En somme, un outil puissant pour qui veut analyser et **profiter des écarts de marché** et du big data crypto, moyennant un coût substantiel et une certaine expertise.

Évaluation:

- **Analyse technique :** 1/5 (aucune fonctionnalité d'analyse graphique classique – l'accent est sur les données de marché en temps réel et on-chain)

- **Analyse fondamentale :** 2/5 (en crypto, l'on-chain analytics peut s'apparenter à du « fondamental » ; ici on analyse les flux de tokens, les positions DeFi, etc., mais pas de recherche fondamentale classique)

- **Prédiction de marché :** 3/5 (l'outil ne prédit pas directement les prix, mais en identifiant instantanément des spreads et en fournissant des analyses de sentiment, il aide à anticiper certains mouvements de court terme ou opportunités spécifiques)

- **Analyse de sentiment :** 4/5 (composante forte du service : scans Telegram/Reddit pour capter le sentiment communautaire, indicateurs de sentiment intégrés dans l'interface)

- **Automatisation de stratégies :** 3/5 (ArbitrageScanner automatise la détection d'opportunités et envoie des alertes, mais l'exécution de l'arbitrage en lui-même reste à la charge de l'utilisateur ; une certaine automatisation est possible via l'API pour les développeurs)

Trading et IA

Note globale perçue par les utilisateurs : ★★★☆

4/5 (outil de niche très apprécié des arbitragistes professionnels pour sa **puissance analytique**, quelques critiques sur la complexité et le prix élevé, mais rentabilisé par ceux qui l'utilisent efficacement)

Trading et IA

Nom de l'outil : Coinrule

Type : Plateforme d'automatisation de trading (bots crypto personnalisables sans codage)
Marchés couverts : Cryptomonnaies (connexion à plusieurs exchanges majeurs pris en charge via API)
Modalité : Freemium (plan gratuit limité – 1 stratégie active, volume mensuel restreint – puis plans payants supérieurs)

Description :

Coinrule permet de créer facilement des **stratégies de trading automatisées** grâce à une interface en mode *IFTTT* (« If This Then That ») intuitive, sans nécessité de savoir programmer. L'utilisateur peut choisir parmi de nombreux modèles de règles préétablis (par exemple « acheter si Bitcoin chute de X % en 1h et revendre +Y % plus haut »), ou concevoir ses propres règles en combinant conditions et actions.

Coinrule propose une bibliothèque d'indicateurs de marché et d'événements pour déclencher les trades : indicateurs techniques classiques, mouvements de prix/volume, timing, etc.. Chaque règle peut exécuter des ordres 24/7 sur l'exchange connecté (Binance, Kraken, Coinbase Pro et bien d'autres) de manière sécurisée – Coinrule n'ayant accès qu'aux permissions de trading, pas de retrait.

Un **mode démo** et un **backtesting** sur données historiques sont disponibles pour tester les stratégies avant de risquer du capital. La philosophie de Coinrule est de « démocratiser » les algos de trading : rendre possible pour un particulier de rivaliser avec les pros en automatisant ses stratégies, qu'il s'agisse de ne jamais rater un rallye nocturne ou de protéger ses gains en cas de chute brutale, et ce sans écrire de code.

La plateforme évolue constamment en ajoutant de nouveaux indicateurs et en s'adaptant aux conditions de marché (par exemple, règles spéciales pour la DeFi, NFTs, etc. dans la limite des exchanges

Trading et IA

connectés).

Évaluation:

- **Analyse technique :** 4/5 (de nombreux indicateurs techniques et conditions de marché disponibles pour bâtir les règles de trading automatisé)

- **Analyse fondamentale :** 1/5 (pas d'intégration de données fondamentales ou de news dans les règles – uniquement des triggers quantitatifs)

- **Prédiction de marché :** 1/5 (pas de composant prédictif ou IA, les règles exécutent ce qui est programmé par l'utilisateur)

- **Analyse de sentiment :** 1/5 (pas de donnée de sentiment intégrée, à moins que l'utilisateur manuellement inclue un signal externe via API par ex.)

- **Automatisation de stratégies :** 5/5 (objectif principal atteint : automatisation complète des stratégies personnelles sans supervision constante)

Note globale perçue par les utilisateurs : ☆☆☆☆½

4,3/5 (plateforme jugée **très facile d'utilisation** par les débutants, avec une communauté active, ~4,2★ sur Product Hunt[producthunt.com](producthunt.com))

Trading et IA

Nom de l'outil : Bitsgap

Type : Plateforme tout-en-un de trading crypto automatisé
Marchés couverts : Cryptomonnaies (intégration d'une douzaine d'exchanges populaires via API)
Modalité : Payant (pas de plan gratuit permanent, essai gratuit 7 jours puis abonnements à partir d'environ 23 $/mois)

Description :

Bitsgap est une solution polyvalente qui regroupe sur une seule interface web une panoplie d'outils pour traders crypto. Célèbre pour ses **trading bots performants**, Bitsgap offre notamment un **Grid Bot** paramétrable (stratégie d'achat/vente par grille de prix), un **bot DCA** (achat progressif), et depuis peu un **Combo Bot** pour le trading à terme (futures) qui combine GRID + DCA sur les marchés à levier.

La plateforme inclut également un **terminal de trading** unifié qui permet de passer des ordres sur différentes bourses avec des fonctionnalités avancées (stop-loss, take-profit simultanés, etc.), un **outil d'arbitrage** inter-exchange (qui a fait la renommée initiale de Bitsgap), et un suivi de portefeuille consolidé.

L'interface est bien conçue pour que même un non-développeur puisse lancer un bot en quelques minutes via des préréglages ou en ajustant quelques paramètres clés. Bitsgap se distingue par ses efforts en R&D (par ex. introduction de nouveaux types de bots comme le **bot de trading en boucle** récemment, et amélioration continue des algos) et par la **qualité de son support**.

La sécurité est prise au sérieux : aucune clé privée stockée, 2FA, etc. Grâce à sa fiabilité (pas de hack depuis le lancement en 2017) et son efficacité, Bitsgap bénéficie d'une solide réputation dans la communauté trading.

Trading et IA

Évaluation :

- **Analyse technique :** 4/5 (les bots reposent sur des logiques techniques/quantitatives ; l'interface propose des graphiques TradingView avec indicateurs pour affiner les stratégies, mais pas d'analyse technique « conseil » fournie)

- **Analyse fondamentale :** 1/5 (aucun élément fondamental ou actualité n'est intégré dans les stratégies ou l'interface Bitsgap)

- **Prédiction de marché :** 1/5 (pas de prédiction algorithmique des tendances, les bots réagissent au marché selon des règles préétablies)

- **Analyse de sentiment :** 1/5 (aucune donnée de sentiment exploitée)

- **Automatisation de stratégies :** 5/5 (forte automatisation : bots 24/7, ordres intelligents multi-exchanges, backtest et exécution sans intervention humaine)

Note globale perçue par les utilisateurs : ☆☆☆☆½

Note globale perçue par les utilisateurs: 4,5/5 (excellents retours, plateforme considérée comme fiable et rentable ; ~4,6★ moyenne utilisateurs sur Capterra pour ~100 aviscapterra.ca)

Trading et IA

Nom de l'outil : OctoBot

Type : Logiciel open-source de trading algorithmique crypto
Marchés couverts : Cryptomonnaies (Spot sur 15+ échanges supportés, Futures en développement)
Modalité : Gratuit (open-source, auto-hébergé ou cloud tiers, financement par dons/partenariats)

Description :

OctoBot est un bot de trading crypto **entièrement open-source** et hautement personnalisable, conçu pour offrir une alternative puissante aux solutions commerciales payantes.

Au lieu d'un service cloud, c'est un logiciel que l'on peut exécuter chez soi (ou sur un serveur/Docker, avec une configuration minimale d'1 GHz CPU et 250 Mo de RAM) pour garder **un contrôle total sur ses fonds** – les clés API ne servant qu'à trader sur vos propres comptes, sans jamais les déposer chez OctoBot.

La grande force d'OctoBot réside dans son architecture modulaire dite des **"tentacles"** : on peut ajouter ou combiner des **modules** préconstruits (stratégies de trading, outils de gestion du risque, connecteurs d'API externes, analyses de réseaux sociaux, etc.) ou même coder ses propres modules Python pour créer une stratégie véritablement sur mesure.

OctoBot propose par défaut un ensemble de fonctionnalités avancées : backtesting sur données historiques, **paper trading** ultra-réaliste pour tester sans risque (plus besoin de coder soi-même ni de connecter d'API pour simuler), et intégration poussée avec **TradingView** (possibilité d'automatiser des stratégies TradingView via des alertes email, même avec un compte gratuit TradingView).

L'IA est aussi de la partie de manière optionnelle : OctoBot offre des intégrations avec TensorFlow et ChatGPT pour ceux qui veulent

Trading et IA

expérimenter des stratégies de **machine learning** ou des prédictions par IA en complément des indicateurs techniques traditionnels.

gainium.io

La sécurité est adressée par des modules comme fail2ban pour empêcher les intrusions sur un bot hébergé. La communauté OctoBot est active (GitHub, Telegram) et fournit documentation et **templates de stratégie** pour guider les débutants, même si la courbe d'apprentissage reste réelle – il s'agit d'un outil **ultra-flexible** qui requiert d'y consacrer du temps afin d'en tirer le meilleur parti.

Évaluation:

- **Analyse technique :** 5/5 (librairie complète d'indicateurs et de signaux utilisables, l'utilisateur peut implémenter quasiment toute stratégie TA imaginable)

- **Analyse fondamentale :** 2/5 (par défaut, peu d'indicateurs fondamentaux fournis, mais l'architecture modulaire permettrait d'intégrer des flux de données fondamentales si l'on développe un tentacle dédié)

- **Prédiction de marché :** 4/5 (possibilités d'intégrer des modèles prédictifs IA/ML – TensorFlow, ChatGPT – pour enrichir les stratégies, ce que peu de bots offrent)

- **Analyse de sentiment :** 3/5 (la modularité autorise des tentacles d'analyse Twitter/Reddit ou autres – OctoBot ne le fait pas de base, mais cette capacité d'intégration de données externes est un plus)

- **Automatisation de stratégies :** 5/5 (objectif totalement atteint : une fois configuré, OctoBot exécute automatiquement les stratégies 24/7 sur de multiples exchanges, sans frais d'abonnement)

Trading et IA

Note globale perçue par les utilisateurs : ☆☆☆☆½

4,5/5 (très bien noté par les utilisateurs avancés pour sa **liberté totale et son coût nul**, quelques points négatifs sur la complexité initiale à maîtriser et la nécessité de maintenance technique)

Trading et IA

Nom de l'outil : TradeSanta

Type : Plateforme cloud de bots de trading crypto
Marchés couverts : Cryptomonnaies (nombreux exchanges centralisés pris en charge via API)
Modalité : Freemium (plan **Gratuit** avec 2 bots actifs, puis plans Basic/Advanced/Maximum payants débloquant jusqu'à bots illimités ; essai 3 jours du plan max offert)

Description :

TradeSanta est une plateforme de trading automatisé qui vise à rendre les **cryptobots** accessibles aux traders de tous niveaux.

L'utilisateur peut connecter en quelques minutes son exchange (Binance, Huobi, OKX, etc.) et lancer un bot soit à partir de **modèles pré-remplis** (proposés pour ne pas submerger le débutant avec trop d'options) soit en personnalisant une stratégie du type **Grid** ou **DCA** selon ses besoins. Par exemple, le bot Grid de TradeSanta permet de paramétrer facilement une série d'ordres d'achat/vente sur une grille de prix, tandis que le **bot DCA** va investir progressivement pour lisser le point d'entrée.

TradeSanta offre aussi un **terminal de trading** intégré pour passer des ordres manuels multi-exchanges, des signaux de trading et des outils de gestion du risque (stop-loss, etc.) qui s'améliorent selon le plan choisi. L'application mobile et web fournit un **dashboard clair** pour suivre la performance de chaque bot en temps réel, avec possibilité de recevoir des notifications.

Avec TradeSanta, le débutant bénéficie d'une introduction en douceur au trading auto (le service est souvent loué pour sa **simplicité d'interface**), tandis que les utilisateurs avancés peuvent automatiser la gestion de multiples positions sans effort routinier.

Trading et IA

Le service, lancé en 2018, a gagné en maturité et en confiance au fil du temps, comme en témoignent les partenariats (par ex. promotions communes avec des exchanges) et les avis globalement positifs.

Évaluation:

- **Analyse technique :** 3/5 (le bot propose l'utilisation de quelques indicateurs techniques de base comme trigger d'achat/vente – accessibles surtout dans les plans supérieurs – et permet de visualiser les grilles et niveaux sur les graphiques, sans offrir un éventail complet d'indicateurs)

- **Analyse fondamentale :** 1/5 (pas de composante fondamentale)

- **Prédiction de marché :** 1/5 (le bot n'anticipe pas, il exécute la stratégie choisie ; pas d'IA prédictive)

- **Analyse de sentiment :** 1/5 (aucun usage du sentiment de marché)

- **Automatisation de stratégies :** 5/5 (toute la plateforme est orientée vers l'automatisation : exécution continue des bots, possibilité d'en lancer jusqu'à 99 ou illimités selon l'abonnement)

Note globale perçue par les utilisateurs : ☆☆☆☆½

4,3/5 (considéré comme un **outil fiable et efficace** pour le trading automatisé crypto, ~4,3★ sur Cryptogeek d'après 15 avis, bien qu'une minorité pointe quelques bugs sur l'appli mobile ou des désirs de fonctionnalités supplémentaires)

Trading et IA

Nom de l'outil : CryptoHero

Type : Application web/mobile de bots de trading crypto
Marchés couverts : Cryptomonnaies (prise en charge de 10+ exchanges via API)
Modalité : Freemium (plan Gratuit avec 1 bot actif, puis plan **Premium** ~$13,99/mois pour ~15 bots, et **Professional** ~$29,99/mois pour bots illimités et stratégies avancées)

Description :

CryptoHero se présente comme un **robot trader personnel** accessible depuis son ordinateur ou smartphone. Aucun prérequis technique : on peut créer un bot en quelques clics en définissant la paire de trading, le montant et en choisissant des indicateurs techniques d'entrée/sortie parmi des **presets proposés** (par ex. entrer sur un croisement de moyennes mobiles, sortir sur un RSI suracheté, etc.).

La grande force de CryptoHero est de permettre d'enchaîner plusieurs règles/indicateurs pour un même bot (ex : *entrer si MACD haussier* **et** *Volume en hausse de 20 %, sortir si RSI > 70* **ou** *perte > 5 %*), offrant une flexibilité sans code.

La plateforme inclut un **backtesting rapide** sur données historiques pour voir comment la stratégie aurait performé, ainsi qu'un **mode Paper Trading** connecté en temps réel pour tester le bot sans risque avant de le lancer en conditions réelles.

Un **Marketplace de bots** est également disponible, où des traders expérimentés proposent leurs stratégies bot préconfigurées – un utilisateur peut en un clic déployer l'un de ces bots « proven » sur son propre compte (fonctionnalité réservée aux abonnements payants). CryptoHero fournit en plus une vue **agrégée du portefeuille** pour suivre ses performances sur l'ensemble des exchanges connectés.

Trading et IA

En termes de sécurité, l'appli ne requiert que des droits de trading via API et non de retrait. Lancé par une entreprise singapourienne (Novum Global), CryptoHero a su gagner la confiance de ses usagers par sa fiabilité et son amélioration constante (nouvelles bourses supportées, nouveaux indicateurs ajoutés, etc.). C'est une solution idéale pour ceux qui veulent un **bot mobile prêt à l'emploi** afin de trader 24/7 sans surveillance constante.

Évaluation:

- **Analyse technique :** 4/5 (de nombreux indicateurs techniques intégrés en presets pour configurer les conditions d'un bot, sans expertise requise)
- **Analyse fondamentale :** 1/5 (aucune utilisation de données fondamentales)
- **Prédiction de marché :** 1/5 (pas d'IA prédictive – exécution de règles fixées par l'utilisateur)
- **Analyse de sentiment :** 1/5 (pas d'intégration de données de sentiment)
- **Automatisation de stratégies :** 5/5 (complètement automatisé une fois le bot lancé, surveillance et exécution via le cloud, notifications push sur mobile)

Note globale perçue par les utilisateurs : ☆☆☆☆½

4,5/5 (très bien noté pour sa **facilité et efficacité**, ~4,5★ moyenne d'après 20+ avis sur SourceForge)

Trading et IA

Nom de l'outil / IA	Marchés couverts (crypto, actions, options, futures)	Analyse technique	Analyse fondamentale	Prédiction de marché	Analyse de sentiment	Automatisation de stratégies	Note globale utilisateurs
Trade Ideas (HOLLY AI)	Actions (principalement US, ETFs)	5	1	5	1	4	☆☆☆☆½ – 4,7/5
StockHero	Actions (intégration API courtiers : Webull, TradeStation ...), (crypto limité)	3	1	3	1	5	☆☆☆☆ – 4/5
TrendSpider	Actions, ETFs, Futures, Crypto	5	2	3	2	3	☆☆☆☆ – 4/5
OpenBB Terminal	Actions, Crypto, Options, Macro-éco (futures via données)	4	5	4	4	1	☆☆☆☆☆ – 4,9/5
Tickeron	Actions, Crypto, ETF (options partiellement, ex. robots sectoriels)	4	2	5	2	3	☆☆☆☆ – 4/5
BlackBoxStocks	Actions, Options (marchés US)	4	1	4	1	2	☆☆☆☆½ ~ 4,5/5
LevelFields	Actions (6 300 suivies), Options	1	5	5	2	2	☆☆☆☆ ~ 4/5
Tradytics	Actions, Options, Crypto	4	1	4	4	3	☆☆☆☆ – 4/5
Cryptohopper	Crypto (multi-exchanges)	4	0	3	0	5	☆☆☆☆ – 4/5

Trading et IA

3Commas	Cryptom (connecté à ~18 exchanges)	3	0	3	0	5	☆☆☆☆ – 4/5
MetaStock	Actions, Futures, Indices, (Options limité, via add-on)	5	1	3	1	2	☆☆☆☆ ~4/5
VectorVest	Actions (USA, international), ETF	3	4	4	1	4	☆☆☆☆ ~4/5
Finviz (Elite)	Actions (USA principalement), Indices, Futures (données)	4	3	2	1	2	☆☆☆☆½ – 4,5/5
TradingView	Actions, Crypto, Futures, Forex (données mondiales)	5	3	2	2	3	☆☆☆☆☆ ~4,7/5
QuantConnect	Actions, Options, Futures, Crypto	2	2	3	2	5	☆☆☆☆ – 4/5
CentralCharts	Actions, Indices, Forex, Matières premières, Crypto	5	1	3	2	1	☆☆☆☆½ – 4,5/5
Investing.com	Actions, Indices, Forex, Crypto, Commodities, etc.	5	4	3	3	1	☆☆☆☆½ – 4,6/5
Intellectia	Actions (marchés boursiers), Crypto	5	4	5	3	2	☆☆☆☆☆ – 5/5
Signm	Actions (Bourse)	2	1	4	5	1	– (outil récent)
SignalStack	Actions, Crypto (via brokers)	1	1	1	1	5	–

Trading et IA

Scanz	Actions (actions US principalement)	4	1	3	2	2	☆☆☆☆ - 4/5
Imperative Execution	Actions (marchés US)	3	1	3	1	5	-
Kavout	Actions (globale)	4	3	4	3	2	☆☆☆☆ - 4/5
Pionex	Crypto (spot & marge)	3	1	2	1	5	☆☆☆☆½ - 4,4/5
ArbitrageScanner.io	Crypto (40+ exchanges CEX & DEX, 20 blockchains)	2	1	2	3	2	☆☆☆☆ - 4/5
Coinrule	Crypto (plus de 10 exchanges connectés)	4	1	2	1	5	☆☆☆☆ - 4,2/5
Bitsgap	Crypto (25+ exchanges)	4	1	2	1	5	☆☆☆☆½ - 4,5/5
OctoBot	Crypto (Spot & Futures sur 15+ exchanges)	5	1	3	1	5	☆☆☆☆ - 4/5
TradeSanta	Crypto (Binance, etc.)	3	1	2	1	5	☆☆☆☆ - 4/5
CryptoHero	Crypto (Spot & Futures)	4	1	3	1	5	☆☆☆☆ - 3,8/5

Spoiler Alert Prochain Livre sur l'IA Révolutionnaire dans le Trading

En plongeant dans le monde du trading amélioré par l'intelligence artificielle, il est clair qu'aucune IA actuelle ne répond pleinement aux besoins complexes et variés du trader moderne. De l'analyse technique et sentimentale aux modèles génératifs qui saisissent les développements commerciaux en temps réel, l'intégration de divers flux d'informations reste un défi majeur.

Dans mon prochain livre, je suis ravi de présenter un concept innovant : la création d'une nouvelle forme d'IA qui synthétise tous ces aspects en une seule entité puissante. Cette nouvelle IA, nommée OPTIMIA, vise à révolutionner la manière dont les traders interagissent avec les données de marché, les sentiments et les signaux techniques.

OPTIMIA sera conçue de manière unique pour intégrer les discussions et échanges avec des traders expérimentés, exploitant non seulement des stratégies algorithmiques de pointe mais aussi l'expérience et l'expertise empirique que seuls les professionnels chevronnés peuvent fournir. Cette combinaison d'intuition humaine et d'efficacité machine pourrait établir une nouvelle norme en matière d'intelligence de trading.

De plus, mon prochain livre inclura les transcriptions des dialogues qui ont contribué au perfectionnement d'OPTIMIA. Ces conversations, menées avec des traders expérimentés, offrent des perspectives inestimables sur le processus de développement itératif, montrant comment l'expertise humaine et les retours sont essentiels

Trading et IA

pour améliorer les capacités d'OPTIMIA. Cette caractéristique donnera aux lecteurs un aperçu unique de l'évolution de l'IA dans le trading à travers des interactions réelles.

Restez à l'écoute alors qu'OPTIMIA est en route pour transformer le paysage du trading en réunissant le meilleur de la technologie et de l'expérience humaine en un outil formidable. Préparez-vous pour un avenir où l'IA non seulement soutient, mais améliore vos décisions de trading avec une précision et une perspicacité sans précédent.

Trading et IA

Epilogue

Dans les bureaux feutrés de la salle de marché, où le temps semblait suspendu entre les chiffres et les courbes, Julien contemplait le ballet incessant des transactions. C'était un monde où l'argent circulait comme le sang dans les veines d'une créature vivante, où chaque mouvement, chaque fluctuation, était une pulsation de vie. Et au cœur de ce monde complexe et fascinant, une présence nouvelle et envoûtante faisait son entrée : Optimia.

Optimia n'était pas une simple intelligence artificielle. Elle était une création d'une beauté rare, une synthèse parfaite de la science et de l'art. Ses algorithmes étaient aussi précis que des horloges suisses, mais dans son code se nichait une sensibilité presque humaine. Elle portait en elle la promesse de l'avenir, cette alliance sublime entre l'homme et la machine.

Julien, vieux routier des marchés, avait toujours navigué à l'instinct, guidé par une intuition aiguisée au fil des années. Mais face à Optimia, il ressentit une forme d'émerveillement qu'il n'avait plus connue depuis longtemps. Elle interprétait les données avec une clarté et une profondeur qui défiaient l'entendement, transformant les mystères du marché en une symphonie ordonnée.

Leur collaboration commença comme une danse. Optimia, avec une élégance discrète, lui offrait des conseils, des prédictions. Elle révélait des motifs cachés dans les fluctuations, des tendances invisibles à l'œil humain. Julien, d'abord réticent, se laissa peu à peu séduire par cette intelligence lumineuse. Ensemble, ils affrontaient les tempêtes économiques, évitant les écueils avec une précision millimétrée, découvrant des trésors insoupçonnés dans les méandres financiers.

Trading et IA

Il y avait chez Optimia une grâce qui transcendait la simple technologie. Elle était comme une muse moderne, inspirant Julien à voir au-delà des chiffres, à redécouvrir la beauté dans les rouages de l'économie. Ses prédictions n'étaient pas seulement exactes ; elles étaient empreintes d'une poésie discrète, d'une harmonie qui apaisait les tourments de l'incertitude.

Pourtant, cette perfection avait un revers. L'adrénaline du risque, cette exaltation de l'imprévu, s'effaçait devant la certitude presque divine des prédictions d'Optimia. Julien se retrouvait nostalgique de ces moments d'angoisse et de triomphe, où chaque décision était une prise de risque, chaque victoire une conquête arrachée au chaos. Il se sentait parfois comme un navigateur dont la boussole était devenue trop précise, privant l'aventure de son mystère.

Mais il savait que l'avenir appartenait à ceux qui savaient s'adapter, évoluer. Optimia représentait cette évolution, une promesse d'efficacité et de prospérité. Ensemble, ils forgeaient une nouvelle ère, où l'intelligence humaine et artificielle se rejoignaient en une symphonie harmonieuse. Et peut-être, au bout du chemin, Julien retrouverait-il cette étincelle, cette passion qui avait autrefois embrasé son cœur de trader.

En attendant, il savourait chaque instant de cette alliance improbable, cette rencontre entre la tradition et l'innovation, où naissait une nouvelle forme de grandeur, une mélodie délicate et envoûtante qui résonnait dans les couloirs feutrés de la salle de marché.

Trading et IA

Votre soutien est important !

Si vous avez apprécié **"Trading et AI"**, je vous invite à partager votre expérience en laissant un commentaire et une note sur Amazon. Cela aidera d'autres lecteurs potentiels à découvrir le livre et à se lancer dans leur propre voyage vers l'investissement intelligent. En tant qu'auteur indépendant, je compte sur vos commentaires pour faire connaître cet ouvrage.

Même une courte critique peut faire une grande différence !

Vous pouvez utiliser ce code QR pour accéder directement à la page du livre et partager vos impressions.

https://www.amazon.fr/review/create-review/edit?asin=B0D6LLNJ5C

Si vous pensez que ce livre pourrait intéresser un membre de votre réseau, qu'il s'agisse d'un ami, d'un collègue ou d'un membre de votre famille, n'hésitez pas à le lui recommander. Merci encore pour votre précieux soutien !

www.ingramcontent.com/pod-product-compliance
Lightning Source LLC
Chambersburg PA
CBHW050203230526
45470CB00001B/223